편식 걱정 없이 혼자서도 잘 먹는
유아 식판식

봉봉날다 김주연 지음

개정판

Prologue

"내가 다 먹어봤는데 다 맛있었어.
그러니까 잘 될 거야!"

　요리책을 새로 쓰고 있다는 얘기에 아이가 해준 말입니다. 엄마의 어깨를 가만히 토닥여주는데 갑자기 울컥합니다. 처음에 이 책을 쓰게 된 계기도 아이였고 지금 계속 쓰고 있는 이유도 아이라는 사실을, 아이의 작은 손길로 다시 깨닫습니다. 할 줄 아는 게 없던 초보 엄마 옆에서 아이는 이렇게 멋지게 자라주고 있었습니다.
　'저는 사실 요리 초보입니다'라는 첫 문장으로 《유아 식판식》을 낸 지 4년이 지났습니다. 그동안 많은 분들의 관심과 사랑을 받아 개정판을 출간하게 되었어요. 그동안 《유아 식판식》 책도 자라고 저도 열심히 자랐습니다. 4년 전보다 요리가 좀 늘기도 했지만 여전히 할 줄 아는 요리보다 못하는 요리가 더 많고, 아직도 라면 물 맞추는 건 난코스 중의 하나입니다. 그래도 그때와 다른 점이 있다면 능숙해지는 일들이 점점 많아지고, 그만큼 실수와 후회를 줄여나갈 수 있게 되었다는 점입니다.
　《유아 식판식》은 지독하게 먹지 않는 아이와 요리를 못하는 엄마의 고군분투로 시작되었습니다. 아이의 입맛은 예민한데 엄마의 요리 솜씨는 꽝입니다. 아무리 노력해도 아이는 먹지 않으려 했습니다. 시간이 갈수록 저의 좌절감은 더 커지기만 했습니다. 저는 아이에게 미안한 엄마일 수밖에 없었습니다.
　아이를 잘 먹이기 위한 훌륭한 요리들이 많지만 제가 직접 할 수 있는 건

많지 않았습니다. 그래서 저는 필사적으로 저만의 요리를 할 수밖에 없었습니다. 저만의 방식으로 어떻게든 아이를 잘 먹이고 키우겠다는 생각에 매달린 거죠. 일단 아이가 맛있게 먹을 수 있는 건강식을 해보자는 일념으로 다양한 요리를 시도해보았습니다. 거기에 '식판식'이라는 선택은 아이에게 즐거운 자극이 되었습니다. 음식에 대한 즐거운 경험. 이것이 아이를 밥상으로 조금씩 이끌어주었습니다. 아이와 저는 그렇게 '맛있는 음식'에 대한 경험들을 새로 만들어가기 시작했습니다. 저의 노력을 아이도 조금씩 알아주기 시작한 거죠. 우리를 울고 웃게 만들었던 소박한 식판식 레시피들을 블로그에 하나둘씩 올렸고, 그것들이 모여 《유아 식판식》이라는 책이 탄생하게 되었습니다.

이번 개정판은 많은 독자분들의 의견을 적극 반영하여 만들었습니다. 그동안 칭찬해주셨던 점들은 더욱 살리고 지적해주셨던 부분들은 대폭 수정하여 더 많은 분들의 마음에 들 수 있도록 노력했습니다.

- ◆ 63가지 식판식, 104가지 레시피에서 70가지 식판식, 130가지 레시피로 품수를 늘려 더욱 다양한 레시피로 구성하였습니다.
- ◆ 심플한 레시피를 유지하면서도 글과 사진이 더욱 눈에 잘 들어오도록 했습니다.
- ◆ 거창하고 특별한 요리보다는 집밥 같은 현실적인 메뉴에 집중했습니다. 늘 냉장고에 있을법한 재료로 쉽고 빠르면서도 영양을 담은 레시피를 실었습니다.
- ◆ 양념을 하지 않고도 맛있게 먹을 수 있는 메뉴들을 추가하여 아이들이 식재료 본연의 맛을 즐길 수 있도록 노력했습니다.

- 다양하고 균형 잡힌 식단을 간단하게 차릴 수 있는 팁을 제공하는 데 중점을 두었습니다.
- 가공식품이나 시판 소스 등의 사용을 최대한 배제하여 아이들의 건강한 입맛을 지켜줄 수 있는 레시피에 초점을 맞추었습니다.
- 빠르게 준비하는 식단, 영양 보충 식단, 저칼로리 식단 등 상황에 맞게 차릴 수 있는 일주일 치 식단표를 부록으로 실었습니다.
- 요리 하나를 하기 위해서 재료를 구입했다가 나머지는 썩히는 일이 없도록 한 가지 재료로 다양한 메뉴를 활용할 수 있도록 했습니다. 색인을 추가하여 재료 활용을 더욱 쉽게 할 수 있도록 했습니다.

개정판을 준비하며 여러 고민을 해왔지만, 무엇보다 이 책이 담고 있던 기본 틀을 지키려고 노력했습니다. '요리가 어려운 초보 엄마들에게 쉽고 편안하고 만만한 요리책이 되자!' 그래서 조리 시간은 짧으면서도 아이에게는 건강한 식단을 제공할 수 있는 현실적인 요리책을 만들려 노력했습니다.

아이를 건강하게 먹이는 일에 매일같이 노력하는 엄마들의 고단함을 조금이라도 덜 수 있으면 좋겠습니다. 《유아 식판식》이 부디 친구같이 편안한 책이 되길 바랍니다. 오늘도 즐거운 육아 하세요.

Prologue

저는 사실 요리 초보입니다. 유아식 요리책을 낸다는 사실에 가장 놀란 사람은 바로 저 자신이었습니다. 결혼 전까지 스스로 음식을 해 먹은 일이 거의 없을 정도로 요리에는 무지한 사람이었습니다. 라면 하나 끓일 때도 엄마에게 "물 이 정도 넣으면 돼?" 하고 물을 정도였답니다. 그런 제가 결혼을 하고 전업주부가 되어 남편을 위해 식사 준비를 하려고 부엌에 서 있는데 난감했습니다. 밥 준비를 하긴 해야 하는데 무얼 어떻게 해야 하는지 막막하기만 했습니다. 참 많은 시행착오를 거쳤습니다. 시금치 하나 무칠 줄을 몰라 죽을 만들어놓기도 하고, 입에 넣기가 무섭게 뱉어낼 정도로 음식을 짜게 만들기도 하고….

그러다 이제는 아이 엄마가 되었습니다. 남편뿐만 아니라 아이의 밥까지 챙겨야 하는 상황이 온 겁니다. 신기한 게 남편 밥상을 준비할 때와 아이 밥상을 준비할 때의 그 기분이 참 달랐습니다. 모성애라는 게 이런 건지, 어떻게든 좋은 걸로 잘 차려주고 싶은 마음이 가득했답니다. 하지만 요리 초보에게 이유식 만들기는 너무나 어려웠습니다. 게다가 아이가 이유식 거부를 심하게 했습니다. 몇 숟가락이라도 먹으면 다행이고 아예 먹지 않는 날도 수두룩했습니다. 이유식을 지나 밥을 먹기 시작할 때도 마찬가지였습니다. 밥을 주면 뱉어내며 거부하는 아이를 보는 게 엄마로서 큰 스트레스이자 고통이었습니다.

저는 마음을 굳게 먹고 아이에게 밥을 먹이기 위해 아이의 입맛을 사로잡을 수 있는 메뉴 개발에 돌입했습니다. 그때부터 저만의 엄마표 레시피가 하나둘씩 탄생하기 시작했습니다. 그리고 그 메뉴들을 블로그에 올리기 시작했고 감사하게도 많은 분들께 관심을 받게 되었습니다. '그대로 따라 하니 아이가 맛있게 먹더라' 하는 성공담을 들을 때는 말로 다 할 수 없는 뿌듯함을 느꼈습니다.

물론 힘든 일이 많았습니다. 국에 반찬 세 가지를 정성스레 담은 식판을 아이가 눈앞에서 뒤집어 엎어버리는 모습을 봤을 때는 눈물이 펑펑 쏟아졌습니다. 하지만 저는 아이에게 화를 내지 않으려고 노력했습니다. 밥 먹기 싫은 아이도 나름대로 스트레스를 받겠거니 싶어서 참자, 참자 하며 다시 식판을 차렸습니다.

이런 시행착오 끝에 다행히도 두 돌이 다 되도록 감기 한 번 걸린 적 없는 튼튼한 아이로 자라고 있습니다. 예방 접종 맞을 때를 제외하고는 병원 갈 일이 없었던 것도 평소 건강한 식단을 통해 면역력이 많이 길러졌기 때문이라고 조심스럽게 자부합니다.

이 책은 밥 안 먹는 아이를 위한 엄마의 눈물 나는 노력을 그대로 담았습니다. 뿐만 아니라 저처럼 초보 주부, 초보 엄마들이 쉽게 접하고 만들 수 있는 레시피를 담은 요리책입니다. 이 책에는 특별하고 대단한 메뉴는 없지만 냉장고에 있는 재료로 빠르고 쉽게, 그러면서도 영양 만점인 메뉴를 담았습니다. 여기에 밥 안 먹던 아이의 입맛을 사로잡은 엄마의 노하우를 가득 실었습니다.

봉봉날다 김주연

15만 엄마들이 선택한
1등 식판식의 생생 후기!

《유아 식판식》으로 아이를 키운 엄마예요. 이유식도 그렇고 아이 음식만큼은 직접 만들어 먹이고 싶은 마음에 이 책 저 책 구매해서 보았는데 봉봉날다 님 레시피는 재료도 간단하고 조리법도 어렵지 않아서 좋아요! 사실상 아이가 잘 먹는 음식은 식재료 본연의 맛을 살리고 조리를 단순하게 한 것이라는 걸 느꼈을 때 '욕심 부리지 않아도 되겠구나' 했답니다. 덕분에 워킹맘으로 지내면서도 아이 밥만큼은 직접 장을 보고 요리하며 22개월 지금까지 잘 버텨왔습니다^^ 책 속 메뉴를 하나씩 다 만들어보는 재미에 성취감도 함께 따라오고요! 이번 개정판도 기대할게요 :) _ 토로

돌쯤 유아식을 시작한다고 하는데 유아식 시작하면 더 힘들다는 이야기를 많이 들어서 미루고 있었어요. 그러다가 13개월 넘어서 《유아 식판식》이 가장 실용적이라고 추천을 받았어요. 책을 사서 보니 유아식에 대한 두려움이 사라지더라고요. 책에 나온 식재료는 우리 집 냉장고에 늘 있는 재료이고, 조리 방법도 간단하게 4~5단계로 설명되어 있어서 어렵지 않게 느껴졌어요. 그래서 유아식을 시작했는데 생각보다 아이가 엄청 잘 먹어줘서 너무 기뻤습니다^^ 이 책 덕분에 식판에 국한 종류, 반찬 2개 정도 주니 식사 습관도 잘 잡혔어요. 아이가 식판 보면 식사 시간인 줄 알고 의자에 앉아서 밥 먹을 준비도 하고요, 국 떠먹고 반찬 떠먹으면서 숟가락질 연습 열심히 하고 있습니다^^ 아이가 잘 먹을 때 엄마는 정말 행복하잖아요~ 요리하는 시간도, 아이가 식사하는 시간도 너무 행복해졌어요!! _ 국어전공한엄마

6살 쌍둥이 엄마예요. 아이가 딱 두 돌 지나자마자 변비가 엄청 심각하게 왔었어요. 매일 먹는 변비약에 일주일에 한 번은 꼭 관장도 해야 했고 배변훈련도 어렵게 했어요. 변비에 좋다는 유산균에 한약도 먹여봤어요. 진짜 변비에 좋다는 것은 다 먹여봤답니다. 병원에서는 무조건 채소를 잘

먹이라고 하는데 아이는 채소를 아예 먹지 않으려 했고요. 그러다가 《유아 식판식》을 만나 아이가 먹든 안 먹든 따라 만들면서 식판식을 해주었어요. **처음에는 한 입도 안 먹고 남기기 일쑤였지만 계속 해주다 보니 이젠 참 잘 먹는답니다. 드디어 변비도 고쳤구요!** 다 《유아 식판식》 덕분입니다. 항상 감사하게 생각하고 있어요. 개정판에는 어떤 맛있는 음식들이 있을지 기대되네요. 출간 축하 드려요~^^ _ **우쭈쭈쭈쭈**

유아식 시작하면서부터 고민이 참 많았는데 《유아 식판식》이 저에게 도움을 많이 주었어요. 저는 정말 요리에 소질이 없어서 아이에게 어떤 재료로 어떤 음식을 해줘야 할지 너무 걱정이었거든요. 다양한 요리를 해주지 못하니 아기가 새로운 음식은 거부하고, 그런 모습을 보니 저에게 식사 시간은 늘 부담이었지요. 그러다 알게 된 봉봉날다 님 레시피는 쉽고 간단하게 후다닥 만들 수 있어서 너무 좋았어요. 다행히 아기도 잘 먹어주었고요. **식판에 담아주니 아기가 혼자 먹기를 연습하며 음식에 대한 호기심도 보이고, 아직은 서툴지만 조금씩 잘 먹고 있어서** 참 고마운 마음이 들어요. 개정판도 궁금하네요^^ _ **Jung**

5살 첫째는 영유아 검진을 하면 늘 90% 후반대의 키와 몸무게를 자랑하는 아이라 주변에서는 다들 아이가 밥을 잘 먹는다고 생각합니다. 실상은 입이 짧아 늘 어떻게 더 먹일 수 있을까 발을 동동거리게 만들었어요. 유아식 들어와서는 정말이지 식사 시간이 전쟁이었답니다. 평소에 봉봉날다 님 블로그 보면서 한 번씩 따라 해봤을 때 아이의 반응이 나쁘지 않았기 때문에 《유아 식판식》을 사서 봤어요. **메뉴 고민이 줄어드니 저도 편해지고 아이에게도 관대해지더라고요.** 물론 지금도 아이는 채소를 잘 먹지 못하지만 이전보다 많은 반찬과 메뉴들을 즐기게 되었어요. 볶음밥 속 다진 채소까지 골라내던 예전 모습을 생각하면 많이 발전했다고 느낀답니다^^ _ **pstarhj**

이유식은 한꺼번에 재료 넣고 해주니 오히려 편했는데 유아식 들어가면서 밥-국-반찬이 너무 힘들더라고요. 그때 봉봉날다 님의 블로그를 알게 되고 책도 사서 보게 되었는데, 레시피 내용이 정말 알차서 도움이 많이 되었어요. ==무엇보다 유익했던 건 밥-국-반찬에 대한 부담감에서 해방되었다는 거예요.== 꼭 밥-국-반찬이 아니더라도 여러 가지 맛있는 음식을 먹일 수 있다는 걸 알게 되었고, 아이도 어른과 마찬가지로 맛뿐 아니라 보기에 좋은 음식이 중요하다는 걸 깨달았어요. 그전까지는 스테인리스 식판에 주었는데 예쁜 모양의 식판도 사용해보고 메뉴에 따라 밥그릇과 반찬 그릇을 따로 주기도 하며 다양하게 변화를 주었어요. 밥이나 반찬에 얼굴도 가끔 그려주니 정말 좋아하더라고요. 그래서 개정된 이번 책도 너무 기대돼요. 새로운 《유아 식판식》과 함께 더 다양하고 보기 좋고 맛있는 우리 아이 식판식을 만들어줘야겠어요! _ **봄햇살지니**

《유아 식판식》은 요리를 잘 못 하는 저에게 구세주 같은 책이에요. 이유식은 죄다 갈고 다지기만 하면 되고 3일에서 일주일은 냉동 보관까지 해서 먹일 수 있어서 편했는데 유아식으로 넘어오면서 아기 반찬에 국까지 정말 머리가 하얘지더라고요. 아기의 편식 예방을 위해서 중요하다고 하기에 그냥 대충 먹일 수도 없고…. 블로그를 통해 우연히 봉봉날다 님의 책을 발견했어요. 가장 좋았던 건 요리가 별게 아니란 생각을 하게 된 거예요. ==쉽고 단순하게 설명이 되어 있는데, 신기하게도 음식이 뚝딱 완성돼요. 그래서 요리에 자신감이 붙었어요.== 매일 이 책으로 요리를 했답니다. 덕분에 저는 요리 잘하는 엄마, 아기는 편식 없이 잘 먹는 아기가 되었어요. 엄마로서 뿌듯하고 봉봉날다 님께 감사드려요. _ **행복한 예술가**

해외에 살면서 아이 음식 걱정이 참 많았어요. 한국 음식을 먹이고 싶은 생각이 컸거든요. 시판 이유식이나 어른이 먹는 것처럼 먹일 수도 있었지만 《유아 식판식》을 통해서 아이가 좋아하는 재료를 다양하게 사용하는 방법, 싫어하는 재료를 맛있게 먹일 수 있는 방법, 같은 메뉴도 간을 달리해서 어른도 아이도 같이 먹는 방법 등등 참 유용하게 많은 것을 배웠어요. ==어릴 때 접한 음식이 평생 입맛을 정한다고 생각했기에 다양한 재료를 여러 방식으로 소개한 점이 저에게는 딱이었어요.==

엄마의 애쓰는 마음을 아이도 알았는지 가리는 것 없이 뭐든 참 잘 먹는 아이로 크고 있네요^^
_ sylvovln

한동안 밥을 잘 안 먹는 아들 때문에 고민이 많았어요. 솔직히 매일 반찬을 바꿔가며 골고루 주고는 싶지만 반찬을 할 때 한 끼만 먹을 수 있게 조절하기란 어렵잖아요. 달걀말이나 콩나물무침, 무국… 하루, 이틀, 길게는 3일까지 같은 반찬을 먹이면 아이한테 미안한 마음이 들었어요. 그래서 매일매일 밥상 차릴 때가 정말 스트레스였어요. '어른 밥상, 아이 밥상을 따로 차려야 하나. 차라리 나는 안 먹고 말지' 하면 또 엄마, 아빠가 밥을 잘 안 챙겨 먹으니까 아이도 덩달아 잘 안 먹으니 그것도 보통 일이 아니더라고요. 결국 검색하다 발견한 봉봉날다 님의 레시피! 이렇게 간단하면서도 영양이 있게 골고루 반찬을 해줄 수 있다니! 다른 책도 사 봤지만 메뉴가 생소하기도 하고 양 조절도 쉽지 않아서 잘 안 보게 되더라고요. 그런데 이 책은 정말 간단하면서도 재료 활용도 잘 할 수 있게 구성되어 있어서 아이 반찬, 어른 반찬 만드는 것도 어렵지 않았어요. 그래서 같은 고민을 하고 있는 친구에게 추천까지 했답니다. 좋은 건 역시 나눠야 하니까요^^ _ 도도찡sz

---

요리 못하는 요알못 엄마예요. 이유식은 어찌어찌 3일 치씩 간신히 만들어 먹였는데 매 끼니 해야 하는 유아식은 엄두가 안 나더라고요. 유아 반찬을 배달시킬까 하다가 서점에 들러 우연히 보게 된 책이 바로 《유아 식판식》이었어요. 요리 설명이 간단해서 나도 할 수 있겠다는 마음에 무작정 책을 사왔네요. 집에 있는 재료를 가지고 간단한 방법으로 만들지만 영양은 충분히 골고루, 맛은 특별하게 만들 수 있어 너무 좋았어요. 무엇보다 요리책 보고 간단히 한 요리를 아이가 잘 먹어주고 맛있다고 엄지척까지 해주니 '내가 진짜 요리를 좀 하나' 하는 착각도 가끔 했지요. 덕분에 아이가 5살인 지금까지 책이 마르고 닳도록 잘 보고 있어요^^ 손때 묻은 책이 제 노력의 결과 같아서 참 뿌듯하답니다. 아, 물론 우리 아이는 채소, 생선, 고기 가리지 않고 다 잘 먹어요~^^ _ 연파

Contents

개정판 Prologue ♦ 4

Prologue ♦ 8

15만 엄마들이 선택한 1등 식판식의 생생 후기! ♦ 10

PART 01 — 우리 아이 식판식을 시작하기 전에

1. 기본 양념과 사용법 ♦ 22
2. 유아용 육수 만드는 법 ♦ 24
3. 재료 손질법 ♦ 25
4. 재료 계량법 ♦ 27
5. 식판 고르고 차리는 법 ♦ 28
6. 밥 잘 먹는 아이 만드는 법 ♦ 31
7. 다양한 밥 짓는 법 ♦ 33

PART 02 — 바쁜 아침에 후다닥 차려주는 간편한 아침 식판식

01. 든든함이 꽉 찬 아침 식판 ♦ 40
    : 검은쌀밥, 닭가슴살배추조림, 숙주무침, 단호박찜
02. 들깻가루의 영양이 듬뿍 담긴 아침 식판 ♦ 44
    : 쌀밥, 시금치된장국, 들깨호박볶음, 견과류멸치볶음
03. 영양 만점 소고기가 들어간 아침 식판 ♦ 48
    : 검은쌀밥, 순두부국, 소고기가지볶음, 양배추찜
04. 부드러운 식감으로 시작하는 아침 식판 ♦ 52
    : 쌀밥, 새우달걀찜, 감자볶음, 오이스틱
05. 두부로 영양 효율을 높인 아침 식판 ♦ 56
    : 완두콩밥, 견과류두부조림, 부추버섯볶음

06.	양배추와 소고기가 조화를 이룬 아침 식판	◆ 59
	: 잡곡밥, 소고기양배추볶음, 오이무침	
07.	보들보들한 스크램블드에그로 차린 아침 식판	◆ 62
	: 쌀밥, 콩나물국, 치즈스크램블드에그, 호박구이	
08.	알록달록 파프리카를 이용한 아침 식판	◆ 66
	: 현미밥, 파프리카닭가슴살볶음, 고구마아몬드샐러드	
09.	우리 아이 철분을 책임지는 아침 식판	◆ 69
	: 쌀밥, 배추된장국, 소고기감자볶음, 시금치무침	
10.	칼슘과 단백질이 풍부한 아침 식판	◆ 73
	: 검은콩밥, 달걀국, 들깨버섯볶음, 상추겉절이	
11.	오메가3가 풍부하고 고소한 아침 식판	◆ 77
	: 기장밥, 연어채소볶음, 두부구이	
12.	색다른 감자조림으로 차린 아침 식판	◆ 80
	: 쌀밥, 치즈감자조림, 아보카도, 메추리알조림	

PART 03
아이가 마음껏 뛰놀 수 있도록 든든한 점심 식판식

01.	단백질이 풍부한 두부스테이크 점심 식판	◆ 86
	: 현미밥, 두부스테이크, 콩나물무침, 브로콜리볶음	
02.	아이가 김치와 친해지는 점심 식판	◆ 90
	: 쌀밥, 두부무국, 돼지고기김치볶음, 시금치된장무침	
03.	냉장고에 남은 채소를 활용한 점심 식판	◆ 94
	: 잡곡밥, 들깨감자국, 새우채소전, 부추무침	
04.	담백하고 깔끔한 점심 식판	◆ 98
	: 쌀밥, 맑은된장국, 시금치닭가슴살무침, 팽이버섯부추전	
05.	채소를 좋아하지 않는 아이를 위한 점심 식판	◆ 102
	: 검은콩밥, 소고기오이볶음, 대파가지볶음	
06.	우리 아이 특별 메뉴로 좋은 점심 식판	◆ 105
	: 기장밥, 닭가슴살스테이크, 무나물	
07.	새콤달콤 영양 챙긴 점심 식판	◆ 108
	: 쌀밥, 토마토소고기볶음, 삶은메추리알, 깻잎순볶음	

08.	단백질로 든든함을 챙긴 점심 식판	◆ **112**
	: 완두콩밥, 소고기호박볶음, 두부브로콜리볶음	
09.	특별한 느낌을 주는 점심 식판	◆ **115**
	: 쌀밥, 생선전, 고구마조림, 묵은지볶음	
10.	맛과 영양을 업그레이드한 점심 식판	◆ **119**
	: 잡곡밥, 소고기감자조림, 미나리무침	
11.	건강한 엄마표 치킨커틀릿을 담은 점심 식판	◆ **122**
	: 쌀밥, 치킨커틀릿, 양송이버섯구이, 양상추달걀샐러드	
12.	아이의 입맛을 사로잡는 점심 식판	◆ **126**
	: 잡곡밥, 버섯무국, 소고기안심구이, 무양파조림	

PART 04
엄마, 아빠도 함께하는 맛있는 저녁 식판식

01.	가족이 함께하는 저녁 식판	◆ **132**
	: 쌀밥, 맑은콩나물김칫국, 소불고기, 배추된장무침	
02.	아이가 잘 먹는 동그랑땡으로 차린 저녁 식판	◆ **136**
	: 잡곡밥, 돼지고기동그랑땡, 데친브로콜리	
03.	담백한 맛이 풍부한 저녁 식판	◆ **139**
	: 쌀밥, 닭가슴살감자조림, 새우호박볶음	
04.	짜지 않은 오징어조림으로 만든 저녁 식판	◆ **142**
	: 기장밥, 소고기배춧국, 오징어조림, 가지구이무침	
05.	개운하고 깔끔한 저녁 식판	◆ **146**
	: 쌀밥, 굴국, 돼지목살마늘구이, 콜라비생채	
06.	온 가족이 좋아하는 저녁 식판	◆ **150**
	: 현미밥, 소고기미역국, 채소달걀말이, 파프리카스틱	
07.	아이의 성장 발육을 돕는 저녁 식판	◆ **154**
	: 쌀밥, 아욱국, 부추두부달걀찜, 버섯조림	
08.	소고기가 색다르게 변신한 저녁 식판	◆ **158**
	: 현미밥, 북엇국, 떡갈비, 양배추무침	
09.	향긋함이 더해진 저녁 식판	◆ **162**
	: 쌀밥, 사과파래무침, 돼지고기청경채볶음	

| 10. | 감칠맛을 높인 저녁 식판 | ♦ 165 |

: 쌀밥, 어묵숙주피망볶음, 깻잎조기조림

| 11. | 구수한 향이 가득한 저녁 식판 | ♦ 168 |

: 검은쌀밥, 달래청국장찌개, 고등어카레구이, 달걀호박볶음

| 12. | 구수한 소고기무국으로 차린 저녁 식판 | ♦ 172 |

: 완두콩밥, 소고기무국, 당근전, 쑥갓두부무침

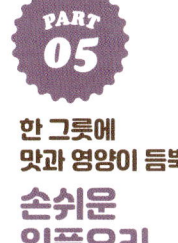

PART 05

한 그릇에 맛과 영양이 듬뿍 손쉬운 일품요리 식판식

| 01. | 예뻐서 더 손이 가는 일품요리 식판 | ♦ 178 |

: 소고기채소주먹밥

| 02. | 새우의 향이 풍부한 일품요리 식판 | ♦ 180 |

: 건새우주먹밥

| 03. | 작지만 속은 알찬 일품요리 식판 | ♦ 182 |

: 꼬마김밥

| 04. | 초간단 초스피드에 영양도 풍부한 일품요리 식판 | ♦ 184 |

: 달걀덮밥

| 05. | 맵지 않은 마파두부덮밥을 담은 일품요리 식판 | ♦ 186 |

: 마파두부덮밥

| 06. | 연어와 채소가 어우러진 일품요리 식판 | ♦ 188 |

: 연어볶음밥

| 07. | 칼슘, 단백질, 비타민이 풍부한 일품요리 식판 | ♦ 190 |

: 멸치닭가슴살주먹밥

| 08. | 아이와 엄마, 아빠가 함께 즐기는 일품요리 식판 | ♦ 192 |

: 새우볶음밥

| 09. | 밥, 소고기, 채소를 한 그릇에 담은 일품요리 식판 | ♦ 194 |

: 소고기밥전

| 10. | 우리 아이 첫 국수를 담은 일품요리 식판 | ♦ 196 |

: 소고기볶음국수

| 11. | 토마토와 달걀이 건강하게 만난 일품요리 식판 | ♦ 198 |

: 토마토달걀볶음밥

12.	고기와 채소가 골고루 들어간 일품요리 식판 : 소고기채소죽	◆ 200
13.	아이의 눈과 입이 즐거운 일품요리 식판 : 감자파프리카볶음밥	◆ 202
14.	생토마토소스를 곁들인 스파게티 일품요리 식판 : 토마토스파게티	◆ 204
15.	우유와 치즈로 만든 크림스파게티 일품요리 식판 : 크림스파게티	◆ 206
16.	부드러운 덮밥을 담은 일품요리 식판 : 소고기채소덮밥	◆ 208
17.	쫄깃한 식감이 살아 있는 일품요리 식판 : 버섯덮밥	◆ 210
18.	채소와 친해지는 일품요리 식판 : 상추비빔밥	◆ 212
19.	달걀과 치즈가 부드럽게 어우러진 일품요리 식판 : 치즈달걀말이밥	◆ 214

PART 06
집에서도 맛있게
건강한 간식 식판식

01.	떡 하나로 빠르고 쉽게 만드는 간식 식판 : 간장떡볶이	◆ 218
02.	식사 대용으로 좋은 간식 식판 : 달걀토스트	◆ 220
03.	어른, 아이 할 것 없이 잘 먹는 간식 식판 : 김치감자전	◆ 222
04.	고소함이 가득한 간식 식판 : 아보카도달걀샌드위치	◆ 224
05.	황금 비율로 만든 맛탕을 담은 간식 식판 : 고구마맛탕	◆ 226
06.	쭉 늘어나는 치즈가 재밌는 간식 식판 : 모차렐라치즈토스트	◆ 228

07.	바삭바삭 달콤달콤 간식 식판 : 식빵러스크	◆ 230
08.	엄마의 달콤한 정성이 담긴 간식 식판 : 바나나치즈구이	◆ 232
09.	겉은 바삭 속은 촉촉한 크로켓 간식 식판 : 감자크로켓	◆ 234
10.	채소가 바삭하게 변신한 간식 식판 : 채소튀김	◆ 236
11.	건강한 엄마표 과자로 만든 간식 식판 : 고구마스틱	◆ 238
12.	남은 부추로 맛있게 만든 간식 식판 : 호박부추전	◆ 240
13.	엄마가 만드는 건강 음료 간식 식판 : 바나나곡물라테	◆ 242
14.	입 안에서 사르르 녹는 달콤한 간식 식판 : 고구마라테	◆ 244
15.	성장과 면역력 증진에 좋은 간식 식판 : 사과케일주스	◆ 246

부록	고민 없이 뚝딱! 유아 식판식 일주일 식단표	◆ 248
	쉽게 찾을 수 있는 재료별 색인	◆ 254

PART 01

우리 아이 식판식을 시작하기 전에

1. 기본 양념과 사용법

아이 반찬의 간은 하지 않거나 최소화하고 재료 본연의 맛을 살려서 조리하는 경우가 대부분입니다. 돌이 지나 슬슬 밥을 먹기 시작하는 아이에게는 최대한 간을 하지 않는 것을 권합니다. 아이들은 돌만 지나면 다양한 음식을 접하기 쉬운 환경에 노출되어 있지만 엄마의 노력으로 간을 한 음식은 최대한 늦게 주도록 합니다. 이 책에서 소개하는 레시피는 기본적으로 간을 약하게 했지만, 요리할 때 아기 개월 수에 따라 가감합니다. 아이 음식의 양념을 시중에서 구입할 때는 수제 간장이나 된장 또는 아기용 장을 구입하는 게 좋습니다.

1. 간장   간장은 국간장과 조림간장 두 가지가 있습니다. 이름대로 국을 끓일 때는 국간장, 조림을 할 때는 조림간장을 사용합니다. 아이 반찬을 만들 때 쓰는 조림간장은 한 번에 1작은술 정도가 적당합니다.

2. 된장   된장은 자체적으로 염분이 많기 때문에 요리 시 소량만 넣는 게 좋습니다. 아이가 먹을 된장국은 육수에 된장부터 풀어 간을 맞추는 것보다 요리 마지막에 양념을 넣듯이 넣으면 된장을 덜 사용하게 됩니다.

3. 참기름   참기름은 두루 사용하는 재료입니다. 볶음요리뿐만 아니라 국물요리에도 자주 씁니다. 아이가 밥을 거부할 때 소금간을 하는 경우가 있는데 소금간 대신 참기름을 한 방울씩 넣으면 아이의 식욕을 돋우는 데 도움이 됩니다.

4. 매실진액   설탕 대용으로 쓰거나 무침 등에 자주 사용하는 재료입니다.

5. 소금   아이 요리에 소금간을 할 때는 천일염이나 구운 소금을 사용합니다. 맛소금은 조미료처럼 첨가물이 많이 들어 있으니 피하는 것이 좋습니다.

6. 설탕   주로 고기를 양념에 재우거나 조림요리를 할 때 사용합니다. 한 번 사용 시 1/2~1작은술 정도로 소량 넣습니다. 설탕은 올리고당이나 물엿으로 대체 가능합니다.

2. 유아용 육수 만드는 법

이 책에서는 아이가 먹을 국을 만들 때 멸치다시마육수를 사용합니다. 냄비에 물을 붓고 내장을 제거한 멸치와 다시마를 넣습니다. 물이 끓기 시작하면 다시마를 먼저 꺼냅니다. 센 불로 팔팔 끓이기보다는 은은한 불에서 우려야 더욱 깊은 맛이 나는 육수가 만들어집니다. 여기에 무, 건새우, 양파 등을 넣어도 좋습니다.

3. 재료 손질법

1. 소고기

아이 반찬에 사용하는 소고기는 등심이나 안심이 좋습니다. 보통 아이 반찬의 한 끼 분량으로 40g 정도 사용하는데 엄마 손 안에 한 줌 정도 들어오는 양입니다. 사용하기 전에 핏물을 제거하기 위해 물에 담가두거나 키친타월로 톡톡 두드리듯 눌러줍니다. 어린 아기가 먹는 거라면 헹군다는
느낌으로 물에 담갔다가 사용하는 게 좋습니다. 덩어리 고기를 사서 직접 다지면 좋지만 여건상 힘들다면 처음부터 다짐육으로 구입합니다.

2. 생선

아이에게 생선 반찬을 해줄 때는 가시와 염분기를 주의해야 합니다. 아주 작은 가시라 해도 아이에게는 위험할 수 있으니 꼭 신경 써야 합니다. 고등어나 조기, 갈치 등은 소금에 절여져 있기 때문에 아이들이 먹기에 많이 짤 수 있으므로 두 돌 이전의 아이에게는 대구나 명태 등 흰 살 생선
이나 연어를 권합니다. 두 돌 이후의 아이라면 소금에 절인 생선은 물로 씻어 요리합니다. 무염이나 저염 순살 생선을 구입하는 것도 좋습니다.

3. 새우

새우는 흐르는 물에 씻으면서 머리를 떼고 껍질을 벗깁니다. 이쑤시개를 이용해 등쪽에 길게 박혀 있는 검은 내장을 제거합니다. 튀김을 할 때 물총(새우의 꼬리 사이에 있는 뾰족한 세모 모양 부분)에서 물이 튈 수 있으므로 꼬리 쪽에 있는 물주머니도 제거해야 합니다. 전을 부칠 때는 반으로 갈라 잘게 다지고 볶음밥을 할 때는 1.5cm 크기로 자릅니다.

4. 채소

채소는 흐르는 물에 잘 씻은 다음 썩었거나 상처가 난 부분을 깔끔하게 제거하고 불필요한 꼭지나 가지는 떼어냅니다. 식초를 탄 물에 잠시 담가놓으면 농약이나 기타 세균을 더욱 말끔하게 제거할 수 있습니다.

4. 재료 계량법

이 책에서는 밥숟가락과 티스푼, 종이컵 계량을 사용했습니다. 1큰술은 밥숟가락으로, 1작은술은 티스푼으로 한 번 뜬 양을 말합니다. 그 외에 액체나 가루는 계량컵을 이용했는데 일반 종이컵이나 이유식 용기로 손쉽게 계량이 가능합니다. 1컵은 종이컵 기준이고 약 200㎖입니다(이유식 용기에는 ㎖(밀리리터)가 쓰여 있어서 계량하기가 좀 더 쉽습니다). 그 외에 덩어리 고기는 g(그램)으로 계량했습니다.

5. 식판 고르고 차리는 법

식판에 아이의 밥을 챙겨주면 엄마의 할 일은 늘어납니다. 칸칸이 채워야 한다는 의무감이 들기도 하고 식판을 어떤 반찬과 국으로 채워야 할지도 막막하기 때문입니다. 그래서 가끔은 있는 밑반찬에 적당히 차려주고 싶은 유혹이 들기도 하지만 엄마가 조금만 신경 써도 아이의 식습관과 건강이 달라진다고 생각하면 더욱 부지런해져야겠다고 다짐하게 됩니다. 이런 게 엄마의 마음이겠죠?

1. 엄마의 역량에 맞춰 식판을 골라요

식판의 칸 수가 몇 개인지가 중요한 것이 아니라 엄마가 채울 수 있는 칸 수를 골라야 합니다. 칸이 너무 많은 식판을 채우기 부담스럽다면 3칸짜리(밥 1칸, 반찬 2칸) 식판을 선택합니다. 빈칸을 놔두는 것보다 2가지 반찬으로 알차게 담는 게 더 좋습니다.

2. 최소 2~3가지 식판을 준비해요

아침 식판, 오후 식판, 간식 식판 이렇게 3가지 정도 준비합니다. 반찬이 별로 없거나 다양하게 준비하기 힘들 때는 3칸짜리(밥, 반찬 2가지), 시간 여유가 많거나 반찬이 많을 때는 4~5칸짜리(밥, 국, 반찬 2~3가지), 간식을 예쁘게 먹을 수 있는 간식용 식판도 있으면 좋습니다.

3. 주말에 밑반찬을 만들어두면 편해요

아이 반찬은 주로 소량씩 먹을 만큼만 만듭니다. 하지만 식판에 들어가는 모든 반찬을 한 번에 만들기는 어렵습니다. 메인 반찬으로 1~2가지는 그때그때 만들고 나머지 1~2가지는 미리 만들어둔 밑반찬을 활용하면 좋습니다. 멸치볶음이나 김치, 나물 등을 만들어두거나 소고기를 미리 재워두는 것도 좋은 방법입니다.

4. 생채소를 활용해요
모든 식판의 칸을 꼭 조리한 반찬으로 채울 필요는 없어요. 냉장고에 있는 채소(오이, 당근, 파프리카, 콜라비, 방울토마토 등)를 작게 썰어 채소스틱을 만들어보세요. 즉석에서 반찬 한 칸을 간단하게 채울 수 있고, 아이들에게 채소 본연의 맛과 친하게 하는 좋은 방법이 됩니다.

5. 한 번 끓인 국으로 아빠부터 아이까지 모두 먹을 수 있게 해요
특별한 간 없이 맑은 국으로 끓인 다음 엄마, 아빠 국그릇에만 따로 간을 하거나, 처음에 맑게 끓여 아기 국을 따로 덜어낸 다음 남은 냄비에 아빠가 좋아할 만한 진한 양념을 하면 한 번 끓인 국으로 온 가족이 함께 먹을 수 있어요.

6. 밥 잘 먹는 아이 만드는 법

1단계. 엄마의 마음가짐을 단단히 해요
밥을 먹지 않는 아이와의 밥 전쟁에서 이기기 위해서는 일단 엄마가 마음의 준비를 단단히 해야 합니다.

2단계. 다양한 재료를 시도해요
'아이가 뭘 알겠어.' 혹시 이렇게 생각하고 있는 엄마가 있나요? 어찌 보면 아이들이 어른들보다 더 섬세한 미각을 가지고 있는 것 같습니다. 재료나 조리법이 조금만 달라져도 잘 먹는 경우가 많기 때문입니다. 지금까지 아이가 먹던 재료를 과감하게 바꿔봅니다. 아이가 잘 안 먹는 재료가 있다면 잠시 포기하고 새로운 재료를 찾아내 도전합니다. 저는 매일 한 가지씩 새로운 재료를 준비한다는 마음으로 요리했습니다. 실패하면 다음 날 또 새로운 재료를 찾습니다. 분명 아이에게 잘 맞고 아이가 좋아하는 식재료가 있을 것입니다.

3단계. 조리법에 변화를 줘요
일관된 조리법에서 벗어나 다양한 조리법을 시도해봅니다. 묽게 끓인 죽을 먹였다면 다음번에는 알갱이가 큼직하고 식감이 살아 있는 죽을 만듭니다. 채소를 큼직하게 썰어 볶음을 주로 먹였다면 다음에는 채소를 아주 잘게 다지거나 밀가루와 함께 전을 부칩니다. 큼직한 재료가 씹기 힘들어서 거부하는 아이가 있는 반면, 너무 잘거나 묽은 것을 싫어하고 큼직하게 씹는 맛을 좋아하는 아이가 있습니다. 같은 재료도 조리법을 달리하면 아이가 잘 먹는 음식으로 변신합니다.

4단계. 엄마가 맛을 봐요

아이 밥을 만들었으면 엄마가 꼭 맛을 봅니다. 엄마 입에 맛이 없다면 아이 입에도 맞지 않을 확률이 다분합니다. 소고기 반찬에 누린내가 심하지 않은지, 생선 요리에 비린내가 나지는 않은지 등을 확인합니다. 아이가 밥을 거부하면 맛으로 승부를 내봅니다. 특별한 재료를 준비해 육수부터 양념까지 야심 차게 준비하는 겁니다.

5단계. 조금 더 부지런해져야 해요

밥을 먹지 않는 아이와 전쟁을 선포한 뒤로 저는 식재료부터 완성된 음식까지 일절 냉동 보관해서 먹이지 않았습니다(물론 고기, 생선은 제외합니다). 싱싱한 재료로 그날 먹을 분량은 그날 만들어 먹이고 끝냅니다. 냉동해놓은 음식을 데워 먹이는 것보다 영양은 물론이고 맛도 훨씬 더 좋습니다.

6단계. 청소를 두려워하지 않아요

아이는 당연히 먹다가 흘릴 수 있습니다. 아이가 나름대로 열심히 먹어보려고 하는데 엄마가 옆에서 행주를 들고 대기하고 있다가 흘리자마자 바로 닦아내거나 잔소리를 한다면 아이는 점점 스스로 먹는 노력을 포기하게 될지도 모릅니다. 청소를 두려워하지 말고 아이가 스스로 먹을 때는 한 발 떨어져서 지켜봐줍니다.

7단계. 환경에 변화를 줘요

예쁜 식판이나 숟가락, 음악, 엄마의 앞치마, 식사 공간 등도 아이의 식습관에 영향을 줍니다. 작은 것에서부터 조금씩 변화를 주는 것을 추천합니다.

7. 다양한 밥 짓는 법

1. 흰쌀밥

ingredient

쌀 2컵, 물 2컵

recipe

1. 쌀을 부드럽게 문지르며 씻어 뿌연 물이 없어질 때까지 여러 번 헹군 다음 물을 받고 30분 정도 불려요.
2. 솥에 쌀과 물을 1:1로 넣어요.
   묵은 쌀은 물의 양을 더 늘려요.

2. 잡곡밥

ingredient
쌀 2컵, 잡곡 1/2컵, 물 2와1/2컵

recipe
1. 쌀과 잡곡을 섞어 여러 번 씻은 다음 30분~1시간 정도 불려요.
2. 물은 쌀과 1:1이지만 쌀밥보다 물의 양을 조금 더 넉넉하게 잡아요.

 mom's note

잡곡밥은 아이가 먹기에 다소 거칠게 느낄 수 있습니다. 게다가 아이들은 소화기가 약하기 때문에 소화를 잘 못 시킬 수도 있습니다. 처음에는 잡곡의 양을 소량씩 넣어 아이가 잡곡밥에 적응할 수 있는 기간을 주고 차츰 잡곡을 늘려가되 물의 양을 넉넉하게 넣어서 된밥이 되지 않도록 합니다.

3. 검은콩밥

ingredient

쌀 2컵, 검은콩 1/3컵, 물 2컵

recipe

1. 콩은 씻어 2시간 정도 불리고 쌀은 씻어 30분 이상 불려요.
2. 솥에 쌀과 검은콩을 넣고 물을 1:1의 비율로 하되 쌀밥보다 조금 더 넉넉하게 부어요.

 **mom's note**

검은콩은 미리 물에 충분히 불려야 부드럽고 먹기 좋습니다.

4. 현미밥

ingredient
현미 1컵, 쌀 2컵, 물 3컵

recipe
1. 현미는 씻어 1~2시간 정도 불리고 쌀은 씻어 30분 이상 불려요.
2. 솥에 쌀과 현미를 섞어 넣고 물 3컵을 부어요.

 mom's note

취향에 따라 현미의 비율을 얼마든지 늘려도 좋지만 소화기가 약한 아이가 먹기에는 다소 부담스러울 수 있으므로 쌀과의 비율을 2:1로 맞췄습니다. 처음 현미밥을 시작하는 아이는 현미의 양을 반으로 줄입니다.

PART 02

바쁜 아침에
후다닥 차려주는

간편한
아침
식판식

Breakfast 01

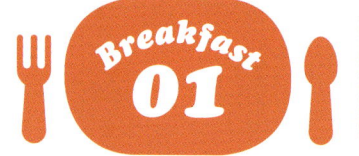

든든함이 꽉 찬 아침 식판

검은쌀밥 / 닭가슴살배추조림 / 숙주무침 / 단호박찜

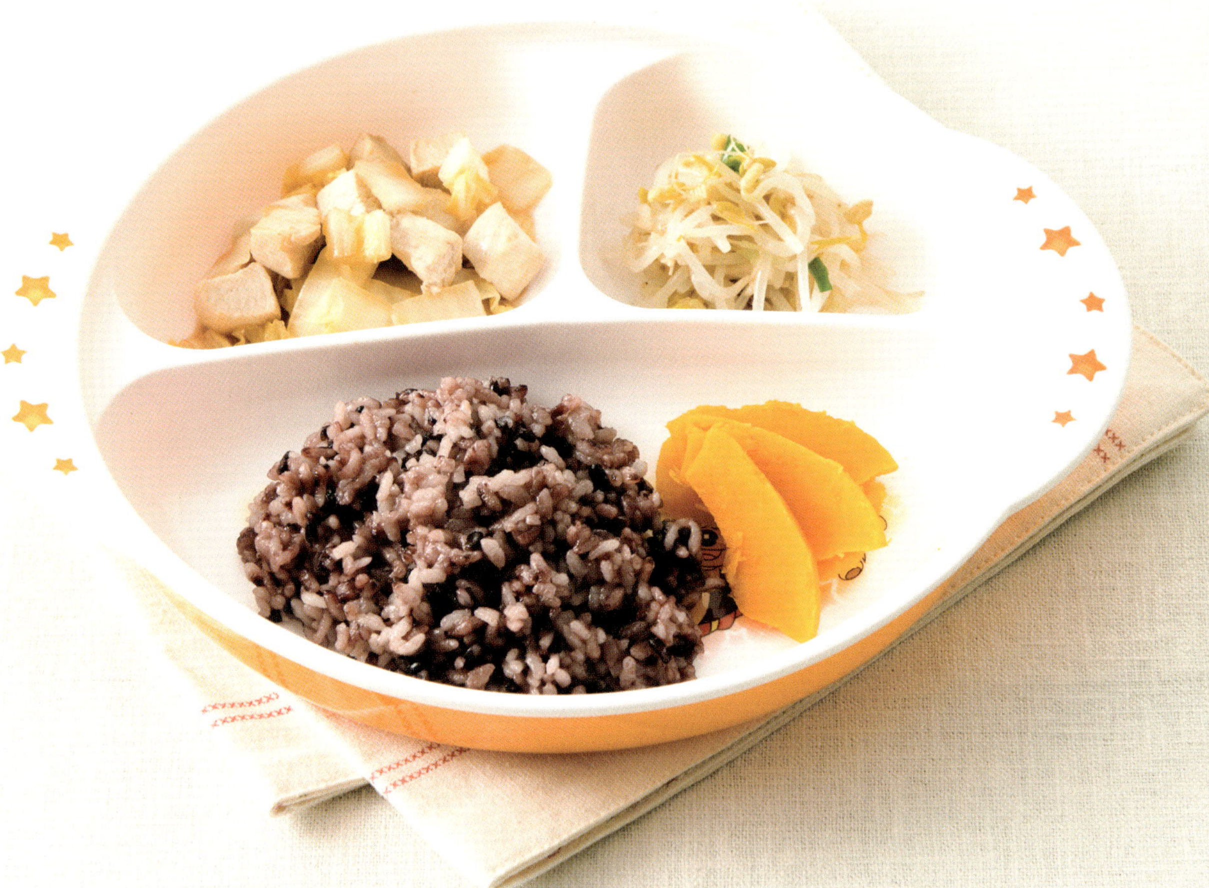

배추는 다양한 방법으로 활용이 가능해요. 배추를 닭가슴살과 함께 조려보세요. 간단하면서도 든든함을 채워주는 반찬이 된답니다. 여기에 단호박찜을 곁들여서 달콤함과 부드러움을 더욱 살린 식판식을 완성했어요. 검은쌀밥 짓기는 잡곡밥 짓기(p.34)를 참고해요.

부드럽고 담백한 닭가슴살배추조림

1   닭가슴살은 우유에 재워 잡내를 제거한다.
2   배춧잎은 1~2cm 크기로 썬다.
3   닭가슴살을 가로, 세로 1.5cm 정도로 깍둑썰기한다.
4   달군 팬에 기름 없이 닭가슴살을 넣고 겉면을 익힌다.
5   닭가슴살이 잠길 정도로 물을 붓고 배춧잎을 넣는다.
6   **5**에 양념을 넣고 약불에서 조린다.

recipe

ingredient

닭가슴살 50g, 우유,
배춧잎 2장

양념|간장 2작은술,
설탕 1작은술,
참기름 1작은술

아삭하고 향긋한 숙주무침

recipe

1. 숙주는 깨끗이 씻어 다듬는다.
2. 냄비에 물을 1/3 정도 붓고 끓인 다음 숙주를 넣고 2~3분 정도 데친다.
3. 숙주를 찬물에 헹구고 물기를 뺀다.
4. 볼에 숙주, 다진 대파, 참기름, 소금, 깨소금을 넣고 무친다.

ingredient

숙주 100g,
다진 대파 1/2작은술,
참기름 1작은술, 소금 조금,
깨소금 조금

부드럽고 달콤한 단호박찜

recipe

1. 단호박은 깨끗이 씻어 씨를 제거하고 가늘게 썬다.
2. 찜기에 단호박을 올리고 뚜껑을 닫아 약불에서 10~15분 정도 찐다.
   찌는 시간은 단호박의 크기와 두께에 따라 다를 수 있어요.

ingredient

단호박 100g

Breakfast 02

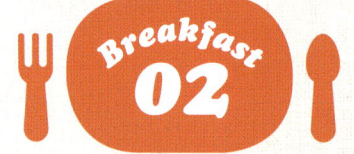

들깻가루의 영양이 듬뿍 담긴 아침 식판

쌀밥 / 시금치된장국 / 들깨호박볶음 / 견과류멸치볶음

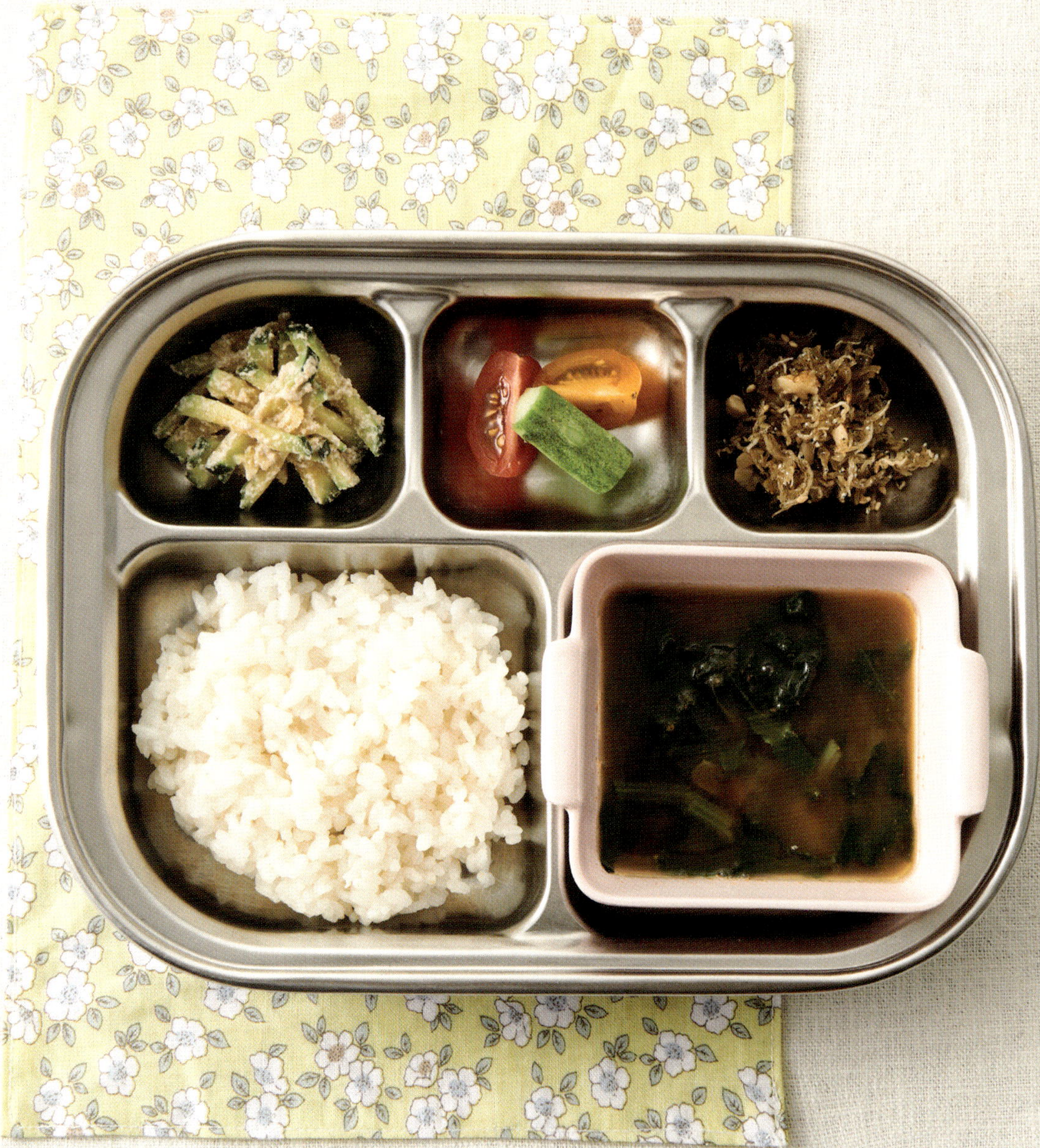

아침에는 빠르고 간단하게 준비할 수 있는 메뉴가 좋지만 식단의 영양가를 높이는 것도 중요해요. 간단한 호박볶음에 들깻가루를 넣어 맛과 영양을 더욱 높였어요. 맑은 시금치된장국까지 더하면 건강한 아침 식판이 완성된답니다. 쌀밥 짓기는 p.33을 참고해요.

맑게 끓인 시금치된장국

recipe

1. 시금치는 깨끗이 씻어 다듬는다.
   흙을 털어내며 씻고 시든 잎은 잘라내요.
2. 물을 냄비의 1/3 정도 붓고 물이 끓으면 시금치를 넣어 데친다.
   시금치는 한 번 뒤적이고 꺼내는 정도로 가볍게 데쳐요.
3. 시금치를 찬물에 헹구고 먹기 좋게 썬다.
4. 다른 냄비에 멸치다시마육수를 부은 다음 시금치를 넣고 끓이다 된장을 넣는다.
   멸치다시마육수 만들기는 p.24를 참고해요.

ingredient

시금치 1/2단, 된장 1큰술,
멸치다시마육수 3컵

mom's note

- 시금치는 미리 한 번 데쳤으므로 국을 오래 끓이지 않도록 합니다.

recipe

ingredient
애호박 1/3개,
들깻가루 1큰술,
물 1~2큰술

맛과 향이 고소한 들깨호박볶음

1. 호박은 채썬다.
2. 팬에 호박을 넣고 숨이 죽을 정도로 볶는다.
   기름 없이 볶다가 눌어붙는다 싶으면 밥숟가락으로 물을 떠 넣어요.
3. 2에 들깻가루를 넣는다.
4. 들깻가루가 뽀얀 크림처럼 될 때까지 섞는다.

 **mom's note**

- 호박은 가볍게 빨리 볶아야 맛과 영양소를 지킬 수 있습니다.

recipe

ingredient

잔멸치 1컵, 견과류
(호두, 땅콩, 잣 등) 1/2컵,
식용유

양념 | 참기름 1작은술,
올리고당 1작은술,
설탕 1작은술,
매실진액 1작은술

아이가 먹기 좋은 견과류멸치볶음

1 잔멸치는 체에 받쳐 가루를 턴다.
2 견과류는 절구에 넣고 빻는다.
3 달군 팬에 기름 없이 멸치를 넣고 가볍게 볶는다.
   기름 없이 머리 멸치를 볶으면 비린내가 날아가요.
4 3에 식용유를 두르고 볶다가 약불로 줄이고 견과류와 양념을 넣어 함께 볶는다.

Breakfast 03

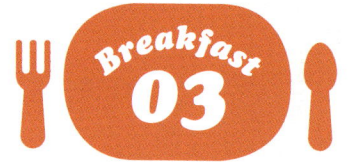

영양 만점 소고기가 들어간 아침 식판

검은쌀밥 / 순두부국 / 소고기가지볶음 / 양배추찜

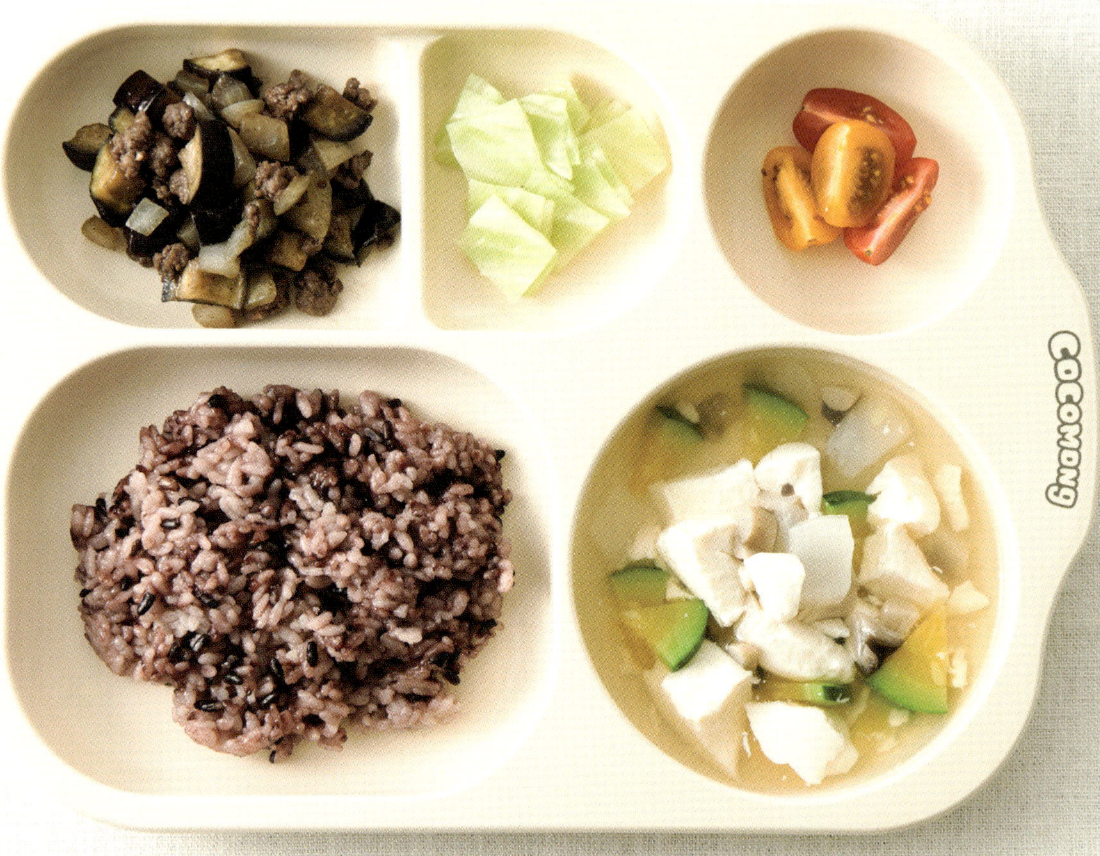

소고기 섭취가 중요한 아이를 위해 아침 식판에 소고기 반찬을 준비해보아요. 바쁜 아침 시간에도 간단하게 준비할 수 있는 소고기가지볶음에 맑은 순두부국과 담백한 양배추찜을 더해서 든든하게 하루를 시작할 수 있답니다. 검은쌀밥은 잡곡밥 짓기(p.34)를 참고해요.

맑고 개운한 순두부국

recipe

1. 호박, 버섯, 양파는 가늘게 썬다.
2. 순두부는 칼로 가운데를 가른다.
   순두부의 가운데를 갈라야 으스러지지 않아요.
3. 냄비에 멸치다시마육수를 붓고 **1**을 넣어 한소끔 끓인다.
   멸치다시마육수 만들기는 p.24를 참고해요.
4. **3**에 순두부를 통째로 넣어 끓이고 국간장으로 간한다.
   순두부는 끓이는 과정에서 자연스럽게 풀어져요.

ingredient

순두부 1모, 호박 한 줌,
버섯 한 줌, 양파 한 줌,
국간장 1큰술,
멸치다시마육수 3컵

mom's note

- 순두부는 너무 오래 끓이면 수분이 빠지고 모양도 으스러지기 때문에 단시간에 끓여냅니다.

  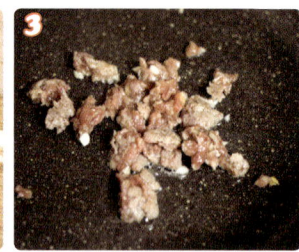 

recipe

ingredient

다진 소고기 40g,
가지 한 줌, 양파 조금
밑간 | 간장 1작은술,
설탕(올리고당) 1작은술,
참기름 1작은술

건강함이 듬뿍 소고기가지볶음

1. 소고기는 핏물을 빼고 밑간을 한다.
2. 가지와 양파는 먹기 좋게 썬다.
3. 달군 팬에 기름 없이 소고기를 넣고 볶는다.
   고기에 밑간이 되어 있으므로 다른 양념이나 간은 하지 않아요.
4. 3에 가지와 양파를 넣고 빠르게 볶는다.

 **mom's note**

- 소고기의 핏물은 물에 잠시 담가두거나 키친타월로 톡톡 눌러 닦으면 잘 빠집니다. 핏물을 빼지 않아도 무방하지만 아이의 먹을거리임을 고려해 가볍게 핏물을 빼주는 게 좋습니다.

담백한 양배추찜

1. 양배추는 깨끗이 씻어 사방 10cm 크기로 썬다.
2. 끓는 물에 양배추를 넣고 2분 정도 삶는다.
3. 체에 밭쳐 물기를 빼고 식힌 후 1~2cm 크기로 썬다.
   기호에 따라 들기름, 된장, 쌈장 등을 곁들여도 좋아요.

recipe

ingredient

양배추 40g,
들기름(된장, 쌈장)

Breakfast 04

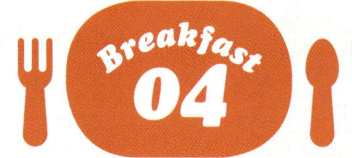

부드러운 식감으로 시작하는 아침 식판

쌀밥 / 새우달걀찜 / 감자볶음 / 오이스틱

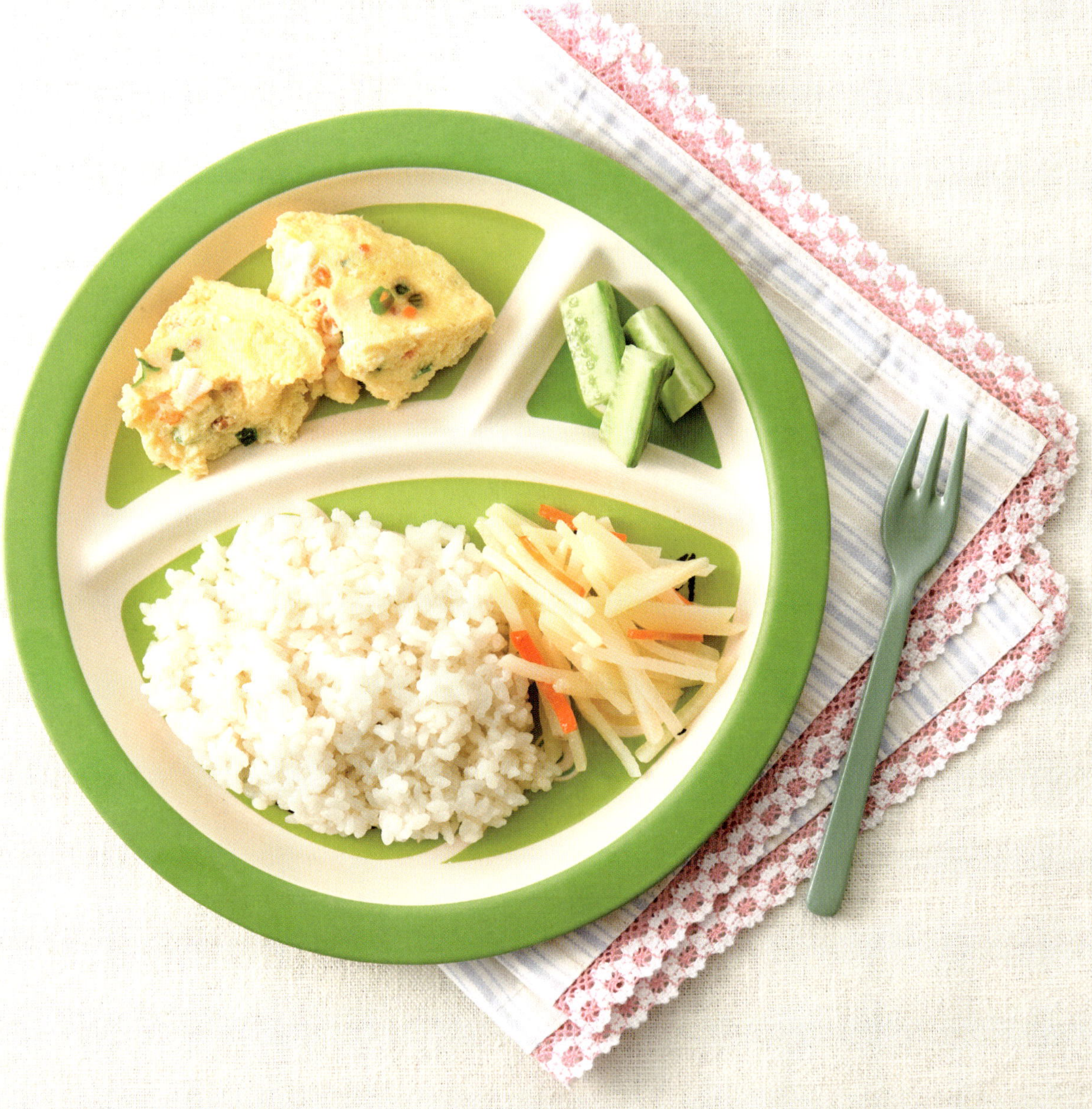

입맛 없는 아침은 부드러운 식사로 시작하면 먹기가 더욱 수월하죠. 아이들을 위해 식감이 부드러운 반찬으로 준비해보세요. 오이스틱을 곁들여서 채소 먹는 습관도 길러보도록 하고요. 쌀밥 짓기는 p.33을 참고해요.

recipe

ingredient

달걀 2개, 당근 조금,
대파 조금, 새우 3~4마리,
물 1/2컵, 우유 3큰술,
소금 1/2작은술

새우의 탱탱함이 살아 있는 새우달걀찜

1. 당근과 대파는 잘게 다진다.
2. 새우는 껍질을 벗겨 내장과 물총을 제거하고 잘게 다진다.
   새우 꼬리 가운데에 있는 삼각형 모양이 물총이에요.
3. 뚝배기에 달걀, 물, 우유, 소금을 넣고 푼다.
   젓가락으로 알끈을 제거해요.
4. **3**에 당근, 대파, 새우를 넣고 뚜껑을 닫아 약불에서 익힌다.
5. **4**가 끓으면 뚜껑을 열고 열십자 모양으로 가른다.
6. 다시 뚜껑을 닫고 2~3분 정도 익히다가 불을 끈 다음 뚜껑을 닫은 상태에서 잔열로 은은하게 익힌다.

- 뚝배기로 달걀찜을 할 때는 반숙인 상태에서 불을 끄고 나머지는 잔열로 익혀야 부드러운 달걀찜이 됩니다. 뚝배기는 불을 끄고 나서도 열이 오랫동안 전달되기 때문에 너무 바짝 익히면 줄어들거나 말라서 푸석거립니다.

recipe

ingredient
감자 2개, 당근 한 줌,
식용유, 소금 조금

눌어붙지 않고 깔끔한 감자볶음

1. 감자는 껍질을 벗기고 채썬다.
2. 감자를 물에 담가 전분기를 제거한다.
   감자의 전분기를 제거해야 감자가 눌어붙거나 타지 않아요.
3. **2**를 체에 밭쳐 물기를 뺀 뒤 달군 팬에 기름 없이 볶아 물기를 날린다.
4. 기름을 두르고 채썬 당근을 넣어 함께 볶다가 소금으로 간한다.

mom's note
- 감자를 가늘게 채썰어야 익히기 쉽습니다.

recipe

ingredient

오이 1/3개, 굵은 소금 조금

아삭함을 한입에 쏙! 오이스틱

1. 오이를 굵은 소금으로 문질러 겉면을 씻는다.
2. 1~1.5cm 두께로 썬다.
3. **2**를 4등분하여 썬다.

mom's note

- 오이를 처음 먹거나 아직은 씹는 게 어려운 나이라면 껍질을 벗기고 좀 더 얇게 썰어줍니다. 감자칼로 겉면의 굵은 가시를 긁어내듯 벗기면 편합니다.

두부로 영양 효율을 높인 아침 식판

완두콩밥 / 견과류두부조림 / 부추버섯볶음

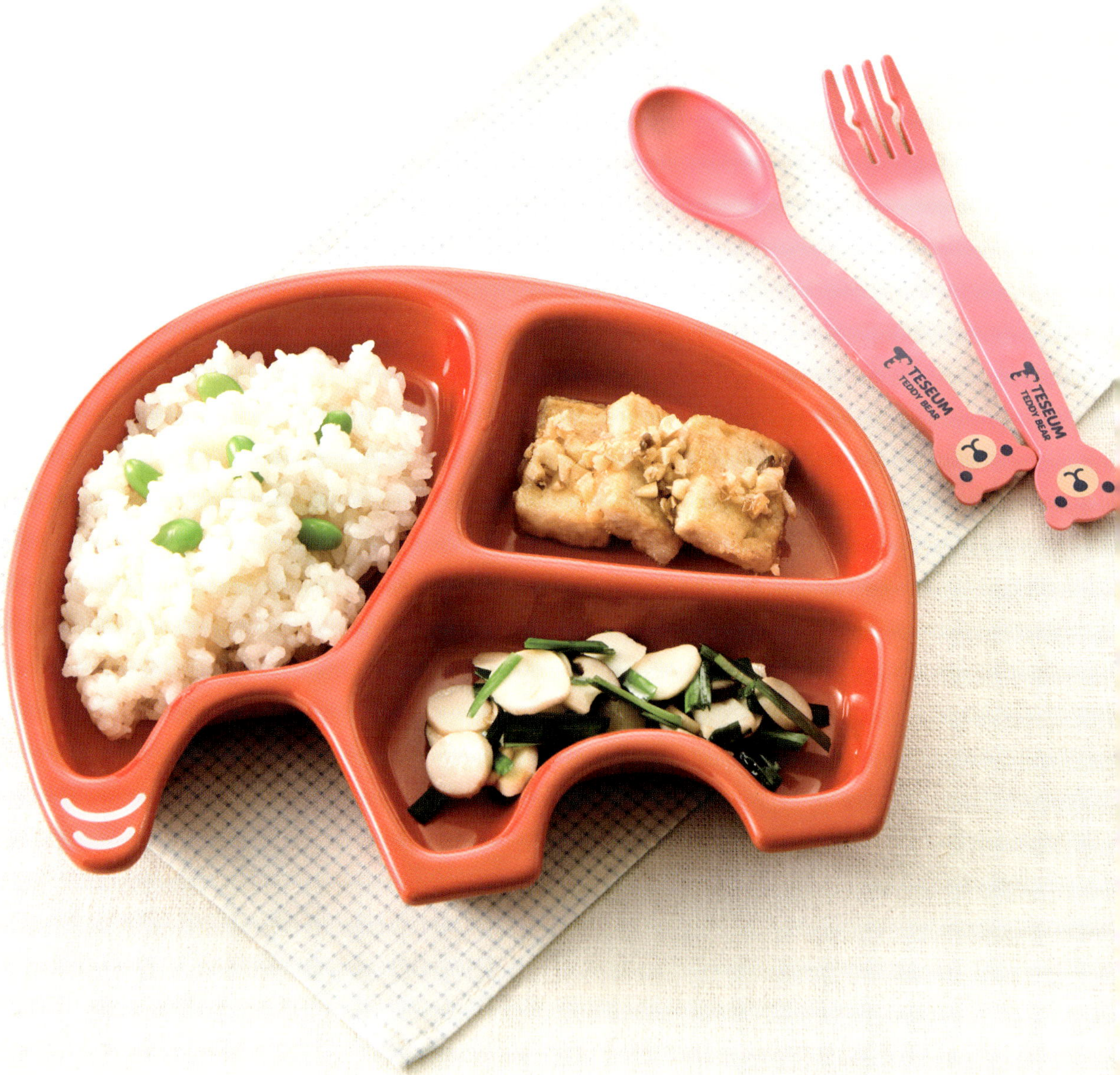

두부는 언제, 어떻게 먹어도 늘 맛있어요. 간단한 재료 한두 개만 추가하면 맛과 영양가가 더욱 높아져요. 바쁜 아침에는 여러 가지 반찬을 만드는 것보다 한 가지 반찬에 영양을 가득 담는 게 효율적이에요. 완두콩밥 짓기는 검은콩밥 짓기(p.35)를 참고해요.

고소하고 부드러운 견과류두부조림

recipe

ingredient
두부 1/2모, 전분가루 1큰술, 견과류(땅콩, 호두 등) 1/3컵, 식용유, 물 1~2큰술
양념|간장 1작은술, 올리고당 1작은술, 참기름 1작은술

1. 두부는 얄팍썰기하고 전분가루를 뿌려 두부의 양면에 가볍게 묻힌다.
2. 팬에 기름을 살짝 두른 뒤 두부를 넣고 앞뒤로 노릇노릇하게 굽는다.
3. 양념을 만든다.
4. 견과류는 절구에 넣고 빻는다.
5. 익은 두부 윗면에 **3**을 골고루 바르고 물을 넣어 조린다.
6. **5**에 땅콩과 호두를 뿌린다.

부추의 영양을 더한 부추버섯볶음

recipe

1. 새송이버섯은 얇게 썰고 부추는 2cm 길이로 썬다.
2. 달군 팬에 새송이버섯을 넣어 볶고 소금으로 간한다.
3. **2**에 부추를 넣고 볶는다.
   부추는 오래 볶으면 숨이 죽고 질겨지니 살짝만 익혀요.

ingredient

새송이버섯 한 줌,
부추 한 줌, 소금 조금

양배추와 소고기가 조화를 이룬 아침 식판

잡곡밥 / 소고기양배추볶음 / 오이무침

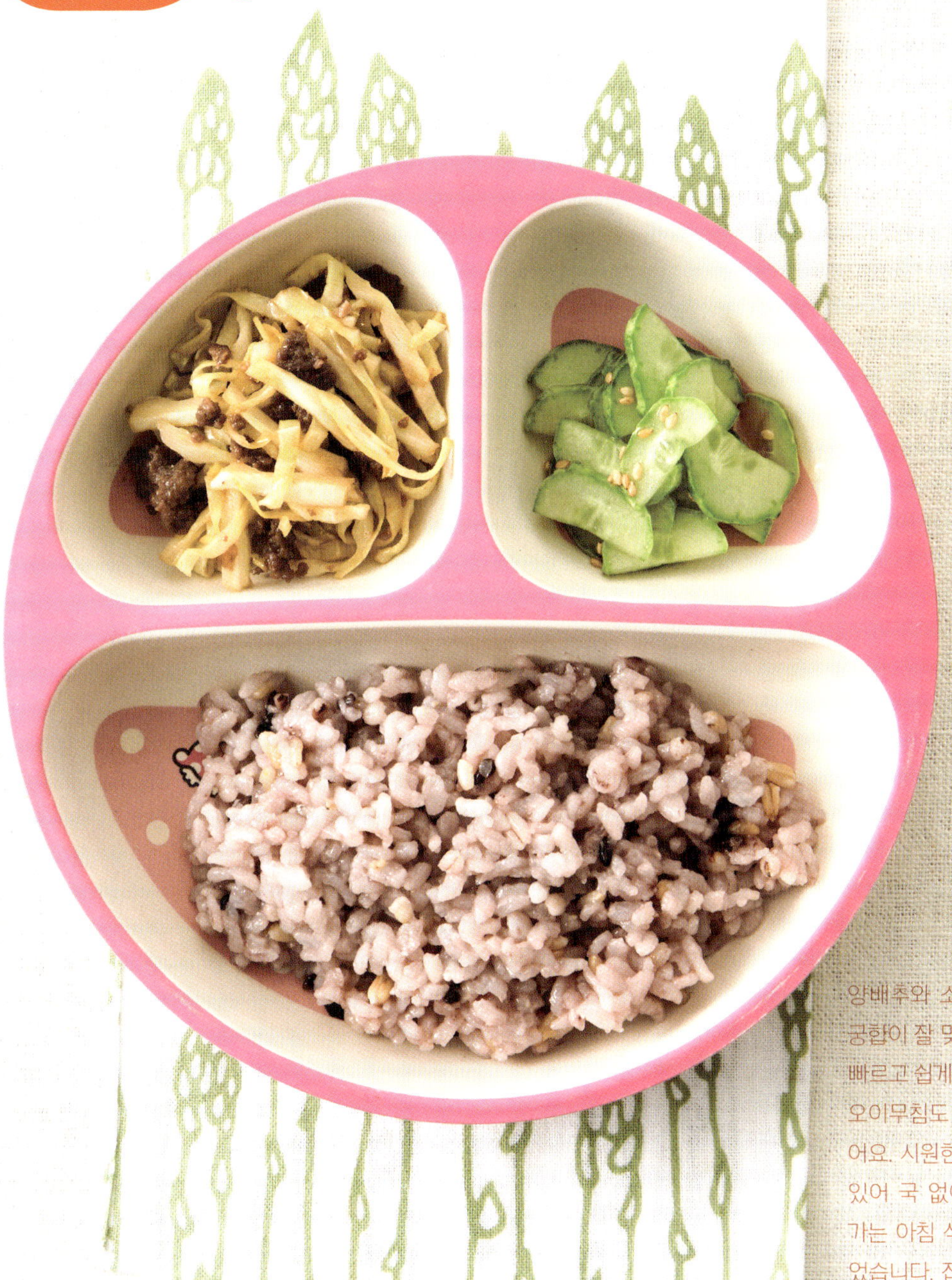

양배추와 소고기는 영양 궁합이 잘 맞아요. 여기에 빠르고 쉽게 만들 수 있는 오이무침도 함께 곁들였어요. 시원한 오이무침이 있어 국 없이도 잘 넘어가는 아침 식단이 완성되었습니다. 잡곡밥 짓기는 p.34를 참고해요.

recipe

아삭한 식감을 살린 소고기양배추볶음

1 소고기는 핏물을 빼고 밑간을 한다.
2 양배추는 채썬다.
3 팬에 기름 없이 소고기와 양배추를 넣고 볶는다.
  고기에 밑간이 되어 있으므로 따로 간을 하지 않아요.

ingredient

다진 소고기 40g,
양배추 한 줌

밑간ㅣ간장 1작은술,
참기름 1작은술,
설탕(올리고당) 1작은술

mom's note

• 소고기를 너무 오래 볶으면 고기가 딱딱해질 수 있습니다.

시원한 오이무침

1. 오이는 반달썰기한다.
   아직 잘 못 씹는 아이는 4등분으로 썰어주세요.
2. 볼에 오이, 참기름, 소금, 깨소금을 넣는다.
3. **2**를 골고루 무친다.

recipe

ingredient
오이 1/3개, 참기름 1작은술,
소금 조금, 깨소금 조금

mom's note

- 여유를 두고 먹을 경우에는 오이를 썰어 소금에 절입니다. 시간이 지나 물이 생기면 물을 버리고 오이를 꼭 짠 뒤 무치면 됩니다.

Breakfast 07

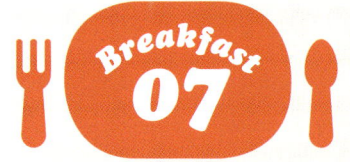

보들보들한 스크램블드에그로 차린 아침 식판

쌀밥 / 콩나물국 / 치즈스크램블드에그 / 호박구이

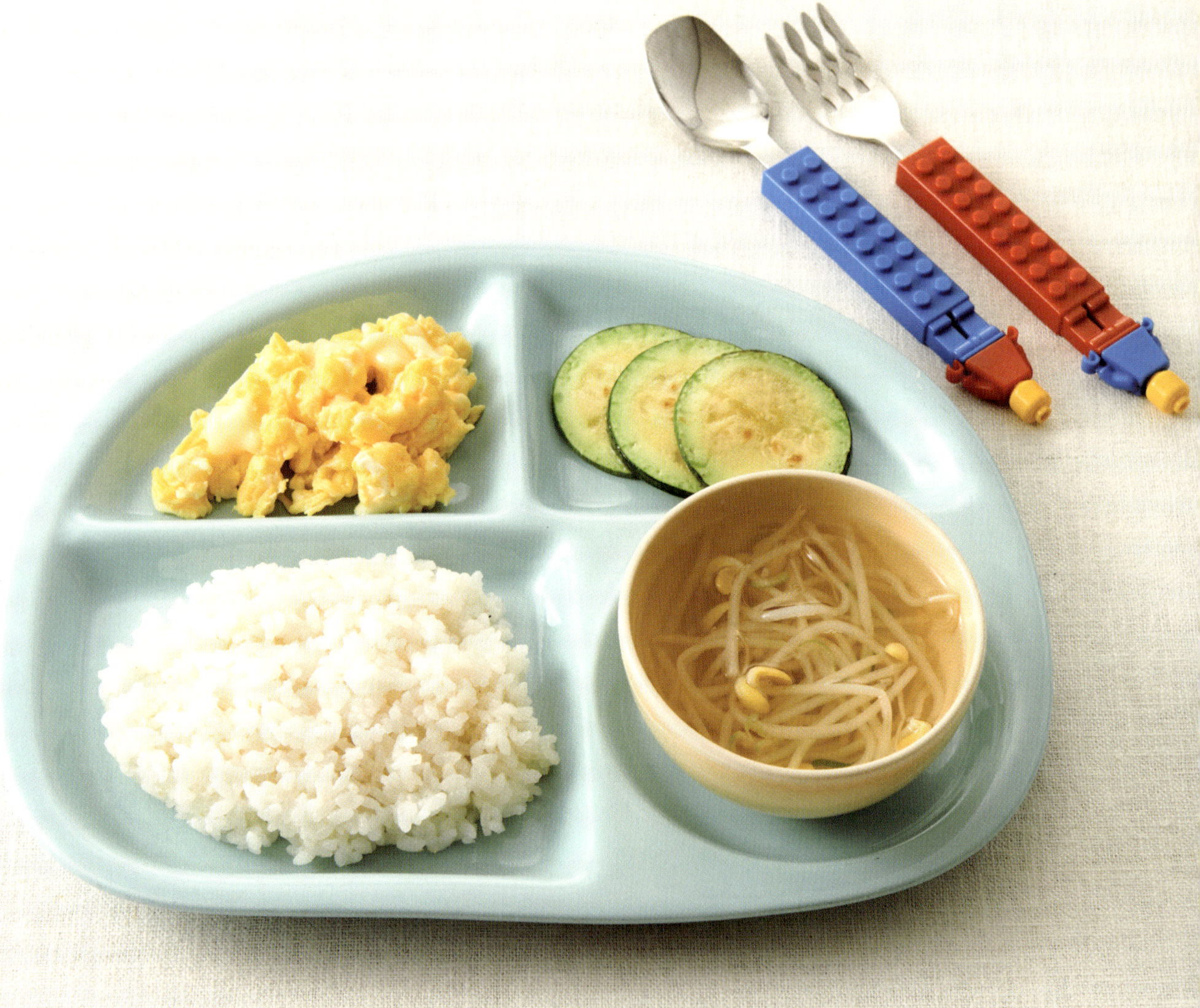

아이도 엄마도 가끔 특별한 달걀 요리를 찾게 되지요. 간단하게 치즈와 우유만 더해 스크램블드에그를 만들어 맛과 영양을 한 번에 업그레이드했어요. 여기에 호박구이를 함께 내니 아이가 잘 먹어요. 쌀밥 짓기는 p.33을 참고해요.

recipe

ingredient

콩나물 100g, 대파 조금,
다진 마늘 1작은술,
국간장 1큰술, 소금 조금,
멸치다시마육수 3컵

시원하고 맑은 콩나물국

1. 콩나물은 깨끗이 씻어 다듬는다.
2. 대파는 송송 썬다.
3. 냄비에 멸치다시마육수를 붓고 콩나물을 넣은 뒤 뚜껑을 열고 한소끔 끓인다.
   멸치다시마육수 만들기는 p.24를 참고해요.
4. **3**에 다진 마늘과 국간장을 넣고 부족한 간은 소금으로 맞춘다.
5. **4**에 대파를 넣고 한소끔 더 끓인다.
   오래 끓이면 개운한 맛이 사라지니 끓이는 시간은 15분을 넘기지 않아요.

mom's note

- 콩나물국은 끓이는 과정에서 비린내가 날 수 있습니다. 따라서 처음부터 뚜껑을 열고 끓이거나 닫고 끓이는 게 좋은데 요리가 서툴다면 열고 끓이는 것을 권하며, 뚜껑을 열고 닫기를 반복하지 않도록 합니다.

부드럽고 고소한 치즈스크램블드에그

recipe

ingredient
달걀 1개, 우유 1큰술,
소금 조금, 식용유,
아기치즈 1/2장

1. 달걀에 우유를 넣어 풀고 소금으로 간한다.
2. 달군 팬에 기름을 두르고 달걀을 흘리듯이 부어 조리용 젓가락으로 젓는다.
   달걀이 충분히 익을 때까지 잘 저어요.
3. 불을 끄고 아기치즈를 잘라 **2** 위에 올린다.
   달걀의 열에 치즈가 자연스럽게 녹아요.

간단하고 맛있는 호박구이

1. 호박은 0.3~0.5cm 두께로 썬다.
2. 팬에 기름을 두르고 키친타월로 닦아낸 뒤 호박을 하나씩 올려 앞뒤로 굽는다.
   약불에서 타지 않게 구워요.

recipe

ingredient

호박 1/3개,
식용유

mom's note

- 기름을 많이 두르거나 너무 오래 구우면 쫄깃한 맛이 사라집니다. 팬은 기름 코팅을 한 뒤 키친타월로 닦아내고, 앞뒤로 가볍게 익힌다는 느낌으로 구워주세요.

Breakfast 08

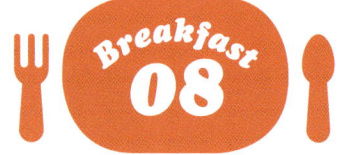

알록달록 파프리카를 이용한 아침 식판

현미밥 / 파프리카닭가슴살볶음 / 고구마아몬드샐러드

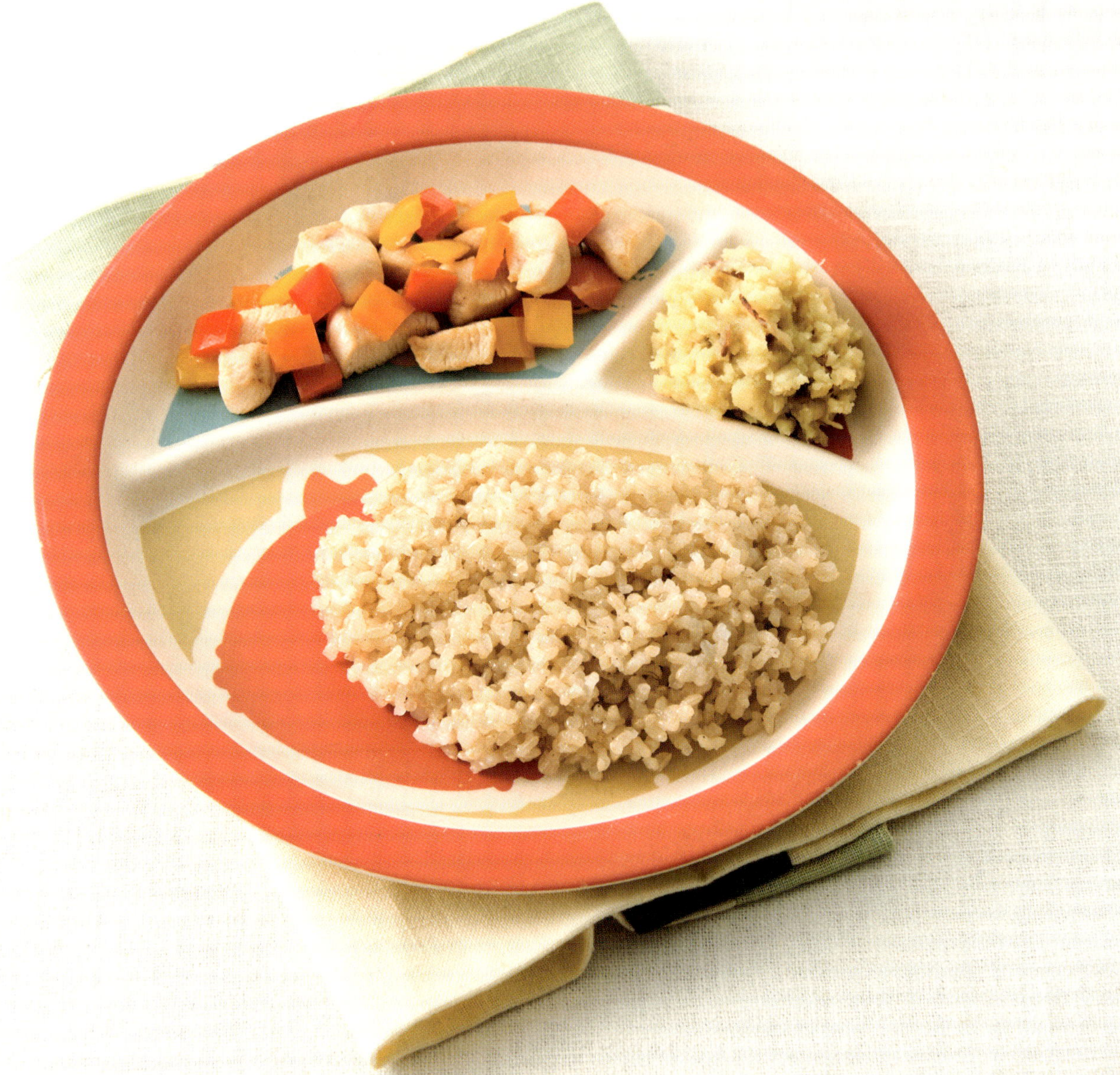

알록달록한 파프리카를 이용해서 닭가슴살볶음을 만들어요. 간단하면서도 색감이 예뻐서 아이들의 시선을 사로잡기 충분하죠. 고구마와 아몬드를 섞은 샐러드를 곁들이면 든든한 아침 식판식이 완성됩니다. 현미밥 짓기는 p.36을 참고해요.

recipe

ingredient
닭가슴살 40g, 우유,
3색 파프리카 한 줌,
식용유, 소금 조금

아삭하고 부드럽게 파프리카닭가슴살볶음

1. 닭가슴살은 흐르는 물에 씻은 뒤 우유에 재운다.
   닭가슴살을 우유에 재우면 잡내가 사라지고 육질이 부드러워져요.
2. 3색 파프리카를 가로, 세로 1cm 정도로 썬다.
   작은 파프리카를 사용하면 준비하기 더 편해요.
3. 닭가슴살을 파프리카보다 조금 더 큰 크기로 썬다.
4. 팬에 기름을 조금 두르고 닭가슴살을 넣어 볶는다.
5. 4에 파프리카를 넣고 볶다가 소금으로 간한다.

mom's note

- 오래 익히면 닭가슴살이 딱딱해지고 파프리카는 흐물흐물해집니다. 두 재료 모두 너무 오래 익히지 않도록 합니다.

부드럽고 달콤한 고구마아몬드샐러드

recipe

1. 냄비에 물을 붓고 고구마를 넣어 삶는다.
   젓가락으로 찔렀을 때 속까지 푹 들어가는지 확인해요.
2. 삶은 고구마의 껍질을 벗기고 곱게 으깬다.
3. 2에 아몬드를 슬라이스로 썰어 넣고 우유, 꿀을 넣어 잘 섞는다.
   기호에 따라 건포도 등을 추가해도 좋아요.

ingredient

고구마 100~150g
(중간 크기 1개),
아몬드 한 줌, 우유 3큰술,
꿀 1큰술

Breakfast 09

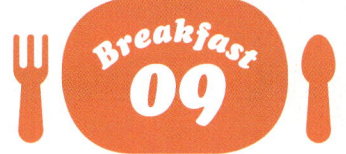

우리 아이 철분을 책임지는 아침 식판

쌀밥 / 배추된장국 / 소고기감자볶음 / 시금치무침

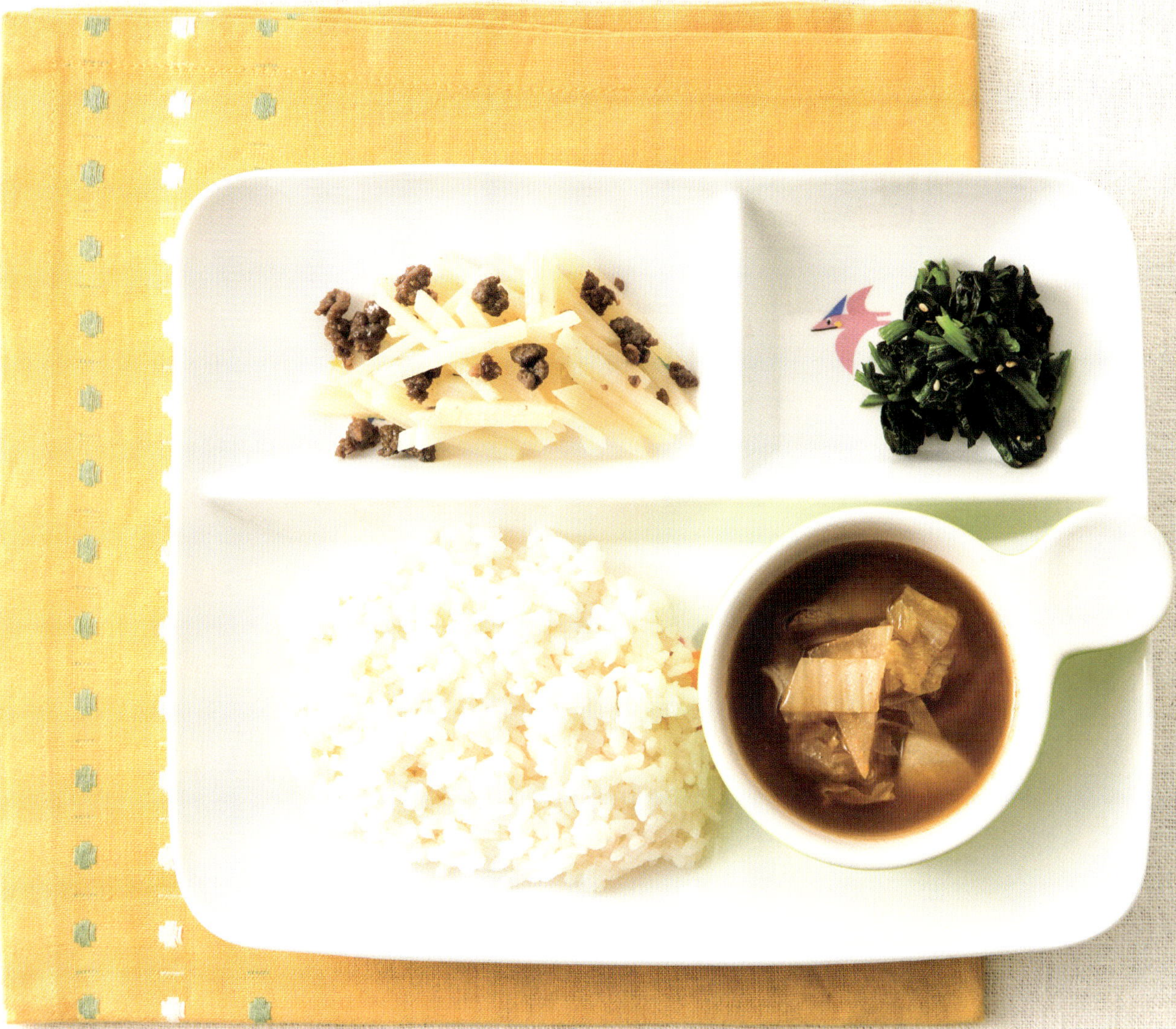

아이들은 철분 섭취를 위해 소고기를 꾸준히 챙겨 먹는 게 중요해요. 하지만 늘 똑같은 방법으로 먹이자니 아이가 싫어하고, 매번 다양한 반찬으로 만들자니 엄마가 막막하죠. 그럴 때는 다른 반찬에 다진 소고기를 넣어 응용해보아요. 쌀밥 짓기는 p.33을 참고해요.

시원하고 구수한 배추된장국

recipe

1. 무는 부채꼴썰기한다.
2. 배춧잎은 2cm 크기로 썬다.
3. 냄비에 멸치다시마육수를 붓고 무를 넣어 끓인다.
   멸치다시마육수 만들기는 p.24를 참고해요.
4. 무가 익으면 배춧잎을 넣는다.
   양파를 썰어 함께 넣어도 좋아요.
5. 4에 된장을 넣어 풀고 한소끔 끓인다.

ingredient

무 100g, 배춧잎 2~3장,
된장 1큰술,
멸치다시마육수 3컵

 **mom's note**

- 배추된장국은 너무 오래 끓이면 된장 본연의 맛도 잃고 배춧잎도 흐물흐물해지니 주의합니다.

간단하지만 영양가 높은 소고기감자볶음

recipe

1   소고기는 밑간을 한다.
2   감자는 껍질을 벗기고 채칼로 채썬다.
3   **2**를 물에 담가 전분기를 제거한 뒤 체에 밭쳐 물기를 뺀다.
4   팬에 기름을 두르고 감자를 볶는다.
5   감자가 익으면 소고기를 넣어 함께 볶는다.

ingredient

다진 소고기 40g,
작은 감자 1개
(큰 감자 1/2개),
식용유
밑간ㅣ간장 1작은술,
참기름 1작은술

상큼한 향이 나는 시금치무침

recipe

1. 시금치는 깨끗이 씻어 다듬는다.
2. 끓는 물에 시금치를 넣고 살짝 데친다.
   시금치를 오래 데치면 푹 퍼지므로 주의해요.
3. 시금치를 찬물에 헹구고 꼭 짠 뒤 먹기 좋은 크기로 썬다.
4. 볼에 시금치, 다진 마늘, 다진 파, 까나리액젓, 참기름, 깨소금을 넣고 무친다.

ingredient

시금치 1/2단,
다진 마늘 1작은술,
다진 파 1작은술,
까나리액젓(참치액젓)
1작은술, 참기름 1/2큰술,
깨소금 조금

mom's note

- 개월 수가 작은 아이는 마늘과 파를 생략하는 것이 좋습니다.

Breakfast 10

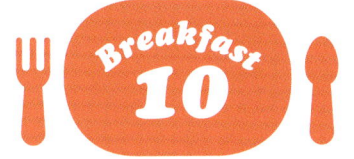

칼슘과 단백질이 풍부한 아침 식판

검은콩밥 / 달걀국 / 들깨버섯볶음 / 상추겉절이

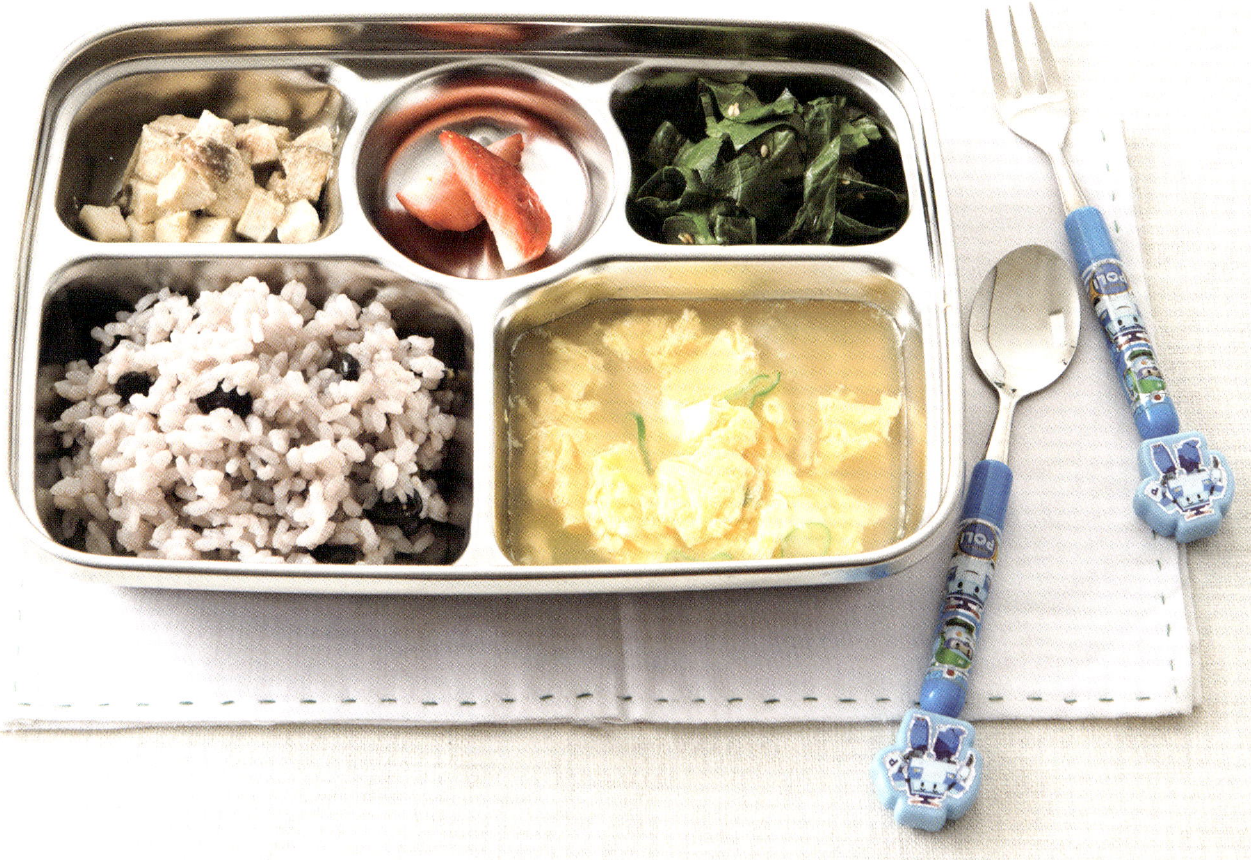

간단하게 만들 수 있는 버섯볶음에 들깻가루만 추가해도 색다른 반찬처럼 느껴져요. 냉장고에 있는 상추를 살짝 무쳐서 더하면 손쉽게 아침 식사를 준비할 수 있어요. 초간단 달걀국을 담으면 건강한 아침 식단 준비 끝! 검은콩밥 짓기는 p.35를 참고해요.

간단하고 부드러운 달걀국

recipe

1. 달걀은 곱게 풀고 소금으로 간한다.
2. 양파와 대파는 가늘게 썬다.
3. 냄비에 멸치다시마육수를 붓고 **1**을 넣는다.
   멸치다시마육수 만들기는 p.24를 참고해요.
   달걀물을 한 번에 쏟아붓지 말고 원을 그리듯 살살 부어요.
4. **3**에 양파, 대파, 국간장을 넣고 한소끔 끓인다.

ingredient

달걀 1개, 소금 조금,
양파 조금, 대파 조금,
국간장 1큰술,
멸치다시마육수 3컵

  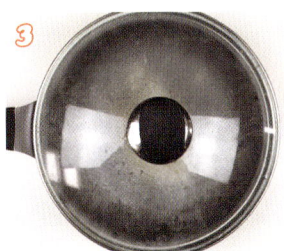 

부드러움과 쫄깃함의 조화 들깨버섯볶음

recipe

1. 버섯은 깨끗이 씻어 사방 1cm 크기로 썬다.
2. 팬에 버섯을 넣고 가볍게 볶는다.
   버섯에서 수분이 나오므로 기름을 넣지 않아요.
3. 뚜껑을 덮어 1~2분 정도 익힌다.
4. 버섯이 익으면 들깨가루를 넣고 크림처럼 될 때까지 가볍게 젓는다.

ingredient

새송이버섯 1컵,
들깨가루 1큰술

상큼한 상추겉절이

1. 상추를 깨끗이 씻고 1~2cm 크기로 썬다.
2. 볼에 상추를 담고 양념을 넣어 버무린다.

recipe

ingredient

상추 2~3장

양념 | 참기름 1/2큰술,
매실진액 1작은술,
깨소금 조금

mom's note

- 상추겉절이는 미리 만들어놓으면 숨이 죽기 때문에 먹기 직전에 무치는 것이 좋아요. 간이 필요할 경우 국간장 1작은술을 넣어주세요.

Breakfast 11

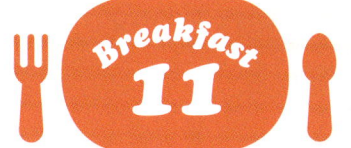

오메가3가 풍부하고 고소한 아침 식판

기장밥 / 연어채소볶음 / 두부구이

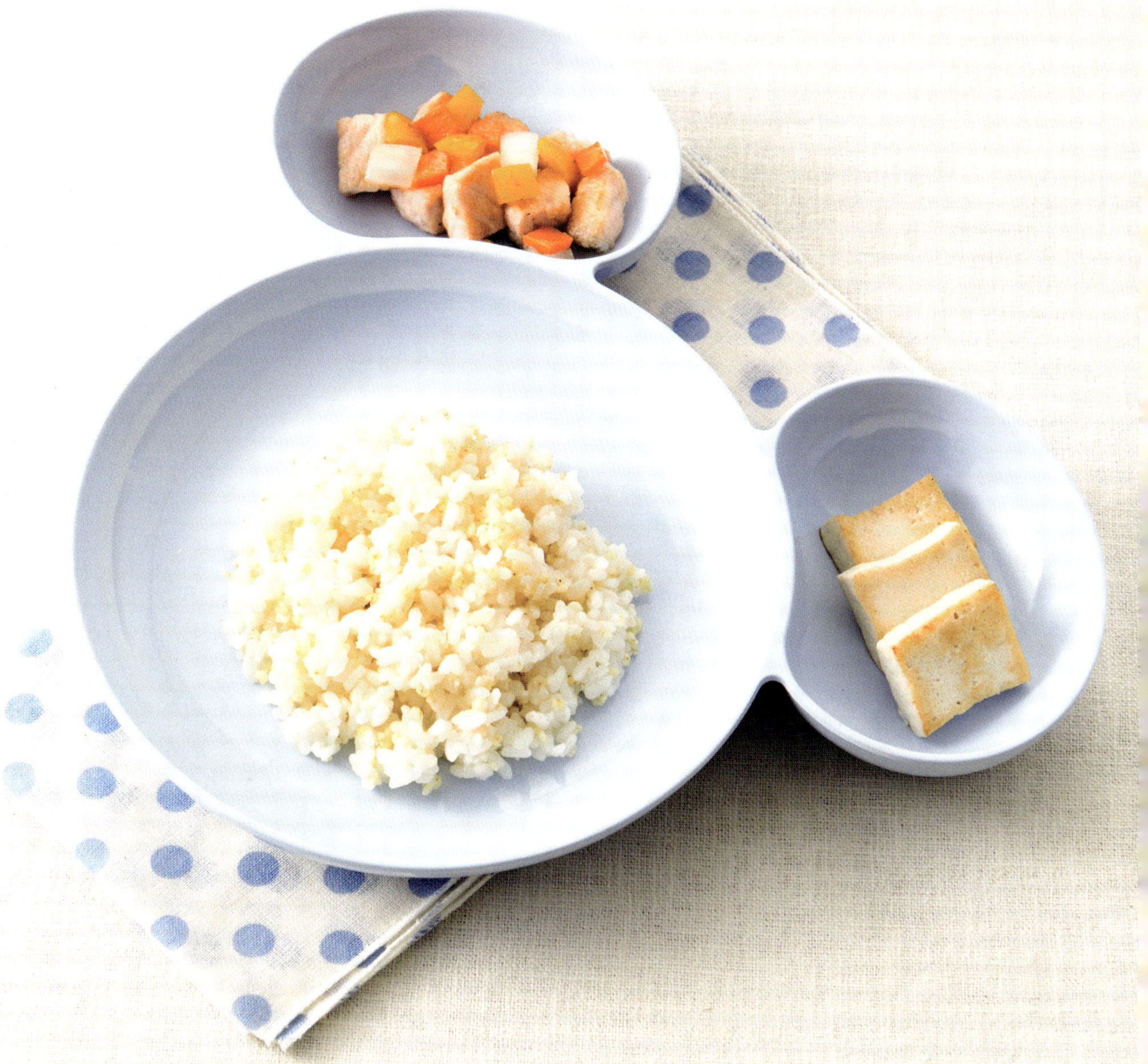

연어는 오메가3가 풍부하고 소화 흡수가 잘 되어 아이 건강에 아주 좋아요. 연어 특유의 향 때문에 먹기를 거부하는 아이를 위해 연어와 채소를 함께 볶으니 아이들이 잘 먹을 수 있는 반찬으로 변신했어요. 기장밥 짓기는 잡곡밥 짓기(p.34)를 참고해요.

recipe

ingredient

연어 40g, 전분가루 1큰술,
당근 한 줌, 양파 한 줌,
파프리카 한 줌,
식용유, 물 2큰술

연어를 더욱 맛있게 연어채소볶음

1. 연어는 가로, 세로 1cm 정도로 깍둑썰기한다.
2. **1**에 전분가루를 골고루 묻힌다.
3. 당근, 양파, 파프리카는 작게 썬다.
4. 팬에 기름을 살짝 두른 뒤 **3**을 넣고 볶다가 연어를 넣고 함께 볶는다.
   연어살이 부서지지 않도록 부드럽게 저어요.
5. 연어가 익으면 물을 넣고 가볍게 젓는다.

- 연어는 조리 과정에서 살이 부스러지기 쉽습니다. 처음에 연어를 썰 때 나중에 부서질 걸 고려해서 조금 큼직하게 잘라주는 게 좋습니다.

고소하게 먹는 두부구이

1. 두부는 1cm 두께로 썬 뒤 키친타월로 살며시 눌러 물기를 제거한다.
2. 팬에 기름을 두르고 예열한 다음 두부를 넣고 앞뒤로 노릇하게 굽는다.
   필요한 경우 소금간을 해주세요.

recipe

ingredient

두부 1/2모, 식용유

Breakfast 12

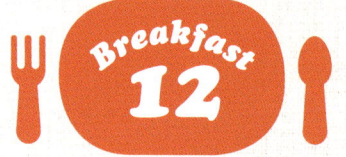

색다른 감자조림으로 차린 아침 식판

쌀밥 / 치즈감자조림 / 아보카도 / 메추리알조림

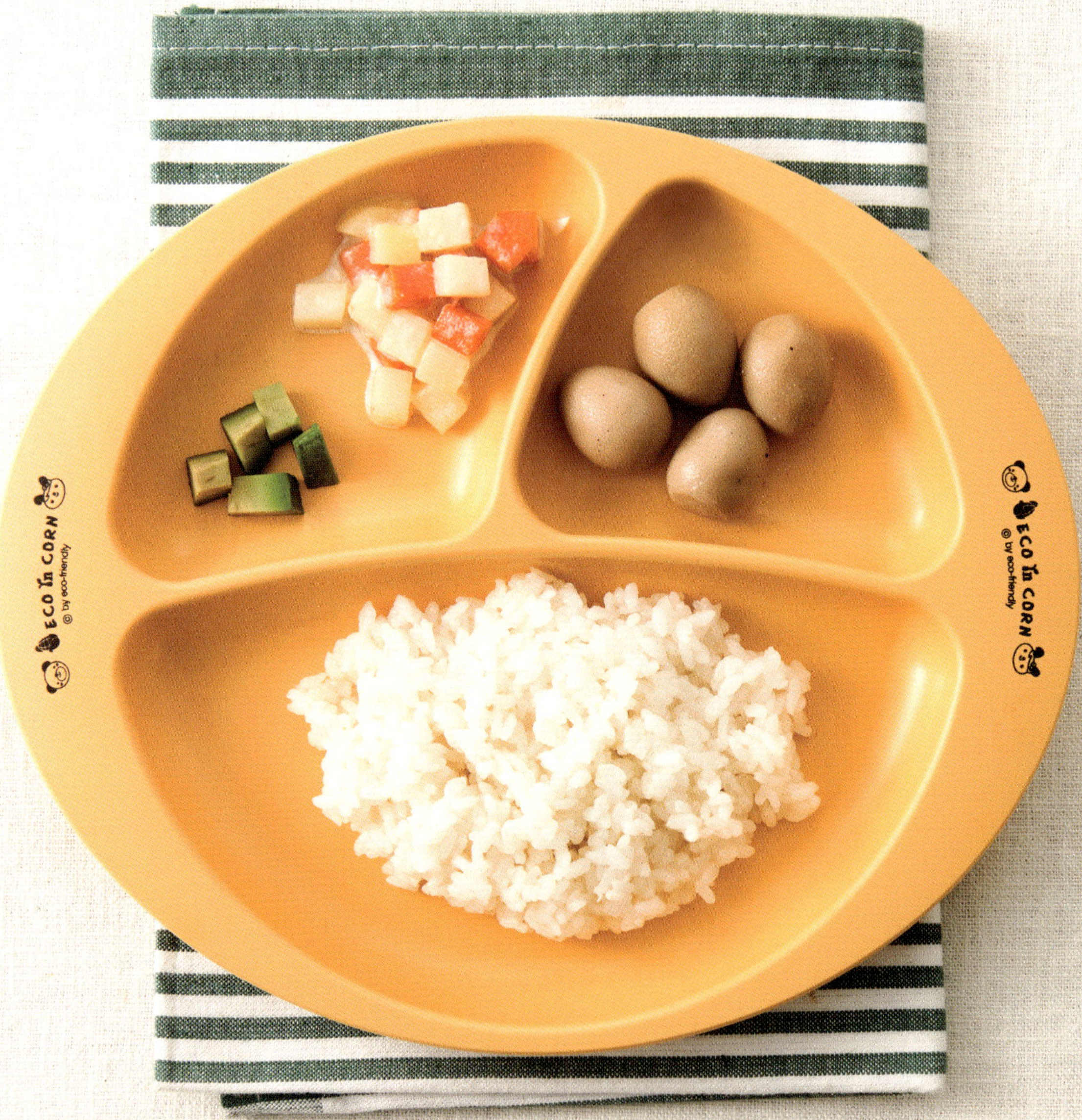

감자는 참 자주 이용하는 재료인데 늘 볶고 조리기만 하니 아이가 싫증 내고 잘 먹지 않게 되었어요. 그래서 우유와 아기치즈를 넣어 조금 색다른 방법으로 조림을 해보았더니 아이도 맛있게 잘 먹는답니다. 아이가 좋아하는 아보카도와 메추리알도 함께 담았어요. 쌀밥 짓기는 p.33을 참고해요.

recipe

ingredient

감자 1개,
당근 1/3개, 식용유,
우유 1/3컵,
아기치즈 1/2~1장

부드럽고 고소한 치즈감자조림

1. 감자와 당근은 가로, 세로 1cm 정도로 깍둑썰기한다.
2. 달군 팬에 기름을 살짝 두르고 **1**을 넣어 볶는다.
3. 적당히 익으면 물을 조금 넣어 익힌다.
   물을 넣으면 감자가 부드러워져요.
4. 물이 졸아들면 우유를 붓고 젓는다.
   우유는 감자의 반이 잠길 정도만 넣어요.
5. 우유가 끓으면 치즈를 넣어 녹을 정도로만 가볍게 젓는다.

- 감자에 비해 치즈의 양이 너무 많으면 식었을 때 딱딱해질 수 있습니다.

담백하게 즐기는 아보카도

recipe

1. 아보카도는 깨끗하게 씻어 반으로 자른다.
2. 씨에 칼을 꽂아 돌려서 빼낸다.
3. 껍질을 벗기고 0.5cm 두께로 썬다.

ingredient

잘 익은 아보카도 1개

mom's note

- 잘 익은 아보카도는 검은빛을 띱니다. 아보카도가 초록색일 경우에는 실온에서 이틀 정도 후숙시켜서 검은 빛이 돌 때 먹으면 됩니다. 충분히 익었을 때 먹어야 껍질도 잘 벗겨지고 식감도 부드럽습니다.

달콤짭조름한 밥도둑 메추리알조림

recipe

1. 냄비에 물을 붓고 메추리알을 넣어 삶는다.
   메추리알 삶는 법은 p.110을 참고해요.
2. 삶은 메추리알을 찬물에 헹군 뒤 껍데기를 깐다.
3. 냄비에 물 1컵과 메추리알, 조림 양념, 다시마를 넣고 중불에서 끓인다.
   양파와 버섯, 대파 등을 추가하면 감칠맛이 더 좋아져요.
4. 끓기 시작하면 약불로 줄이고 가끔씩 뒤적이며 조린다.

ingredient

메추리알 40개(약 350g),
물 1컵,
다시마 5×5cm 크기 2장
조림 양념 | 간장 3큰술,
설탕 1큰술,
올리고당 1큰술

mom's note

- 조릴수록 짜지기 때문에 처음에는 싱거운 맛으로 시작해야 합니다. 간을 더 세게 하고 싶으면 간장과 설탕을 각각 1큰술씩 더 넣어주세요.

PART 03

아이가 마음껏
뛰놀 수 있도록

든든한
점심
식판식

Lunch 01

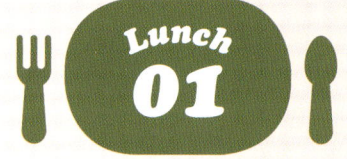

단백질이 풍부한 두부스테이크 점심 식판

현미밥 / 두부스테이크 / 콩나물무침 / 브로콜리볶음

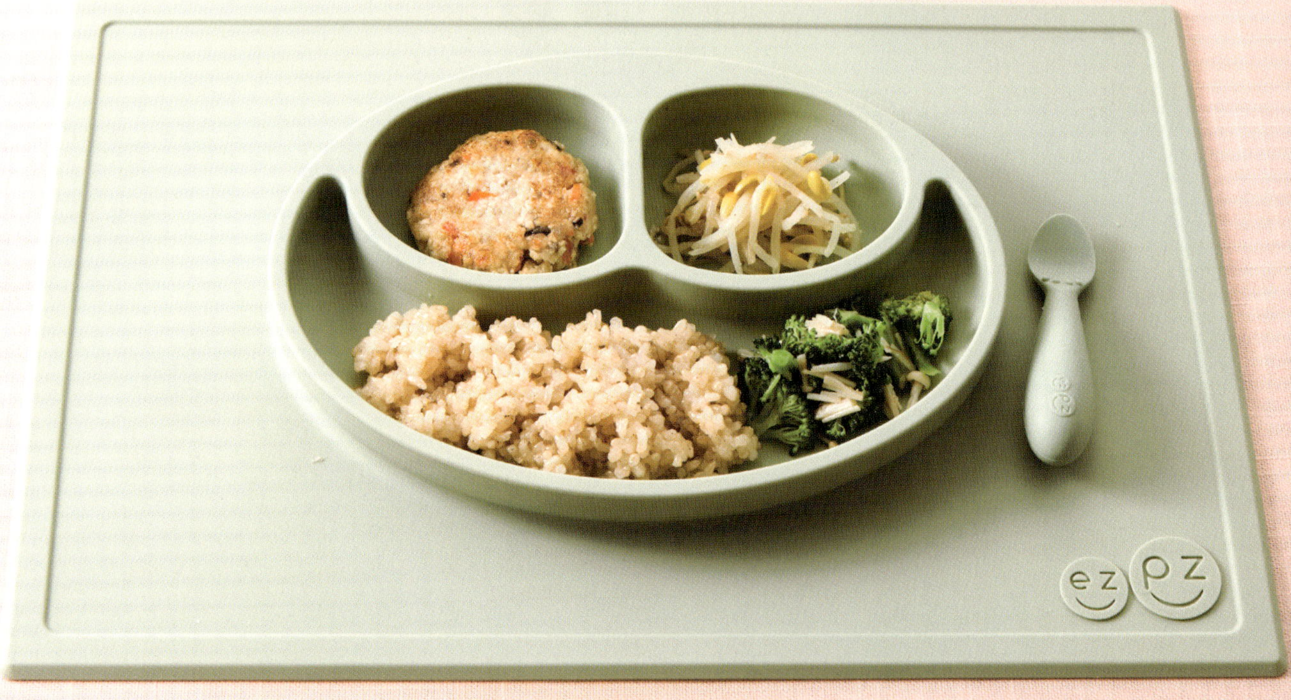

단백질이 풍부해 아이 밥상에 자주 올리는 두부에 갖은 채소를 넣어 두부스테이크로 변신시켜보았어요. 콩나물무침과 브로콜리 볶음으로 다른 영양소의 균형까지 맞췄답니다. 현미밥 짓기는 p.36을 참고해요.

부드럽고 담백한 두부스테이크

recipe

1 두부는 곱게 으깨고 키친타월로 가볍게 눌러 물기를 뺀다.
   위생장갑을 끼고 손으로 두부를 으깨면 편해요.
2 채소는 잘게 다진 뒤 팬에 넣고 빠르게 볶는다.
3 으깬 두부에 **2**, 달걀, 밀가루, 빵가루, 소금을 넣는다.
   빵가루가 없다면 생략해도 괜찮아요.
4 **3**을 골고루 섞어 반죽을 만든다.
5 반죽을 한 숟가락씩 떠서 기름을 두른 팬에 노릇노릇하게 굽는다.

ingredient

두부 1/2모,
다진 채소(당근, 파프리카,
버섯 등) 1/2컵,
달걀 1개,
밀가루 2큰술,
빵가루 1큰술,
소금 조금, 식용유

mom's note

• 반죽을 숟가락으로 떴을 때 흘러내리지 않도록 되직하게 해야 합니다. 그래야 완성됐을 때 으스러지지 않습니다. 반죽이 묽다면 밀가루와 채소의 양을 좀 더 늘립니다.

아삭한 식감을 살린 콩나물무침

recipe

ingredient

콩나물 100g,
참기름 1/2큰술, 깨소금 조금

1. 콩나물은 깨끗이 씻어 다듬는다.
2. 냄비에 물을 1/3 정도 붓고 콩나물을 넣는다.
3. 뚜껑을 닫고 익히다가 김이 나기 시작하면 2~3분 후 불을 끈다.
4. 콩나물을 체에 밭쳐 물기를 뺀다.
5. 볼에 콩나물, 참기름, 깨소금을 넣고 골고루 무친다.
   필요한 경우 국간장이나 소금으로 간을 해요.

recipe

간단한 영양 반찬 브로콜리볶음

1. 브로콜리는 깨끗이 씻는다.
2. 브로콜리와 팽이버섯을 먹기 좋게 썬다.
3. 팬에 기름을 살짝 두르고 **2**를 볶는다.
   브로콜리의 숨이 죽을 정도로 볶아요.

ingredient

브로콜리 부분 한 송이,
팽이버섯 조금, 식용유

Lunch 02

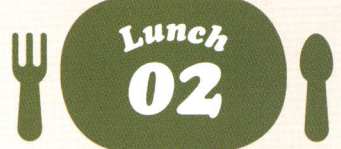

아이가 김치와 친해지는 점심 식판

쌀밥 / 두부무국 / 돼지고기김치볶음 / 시금치된장무침

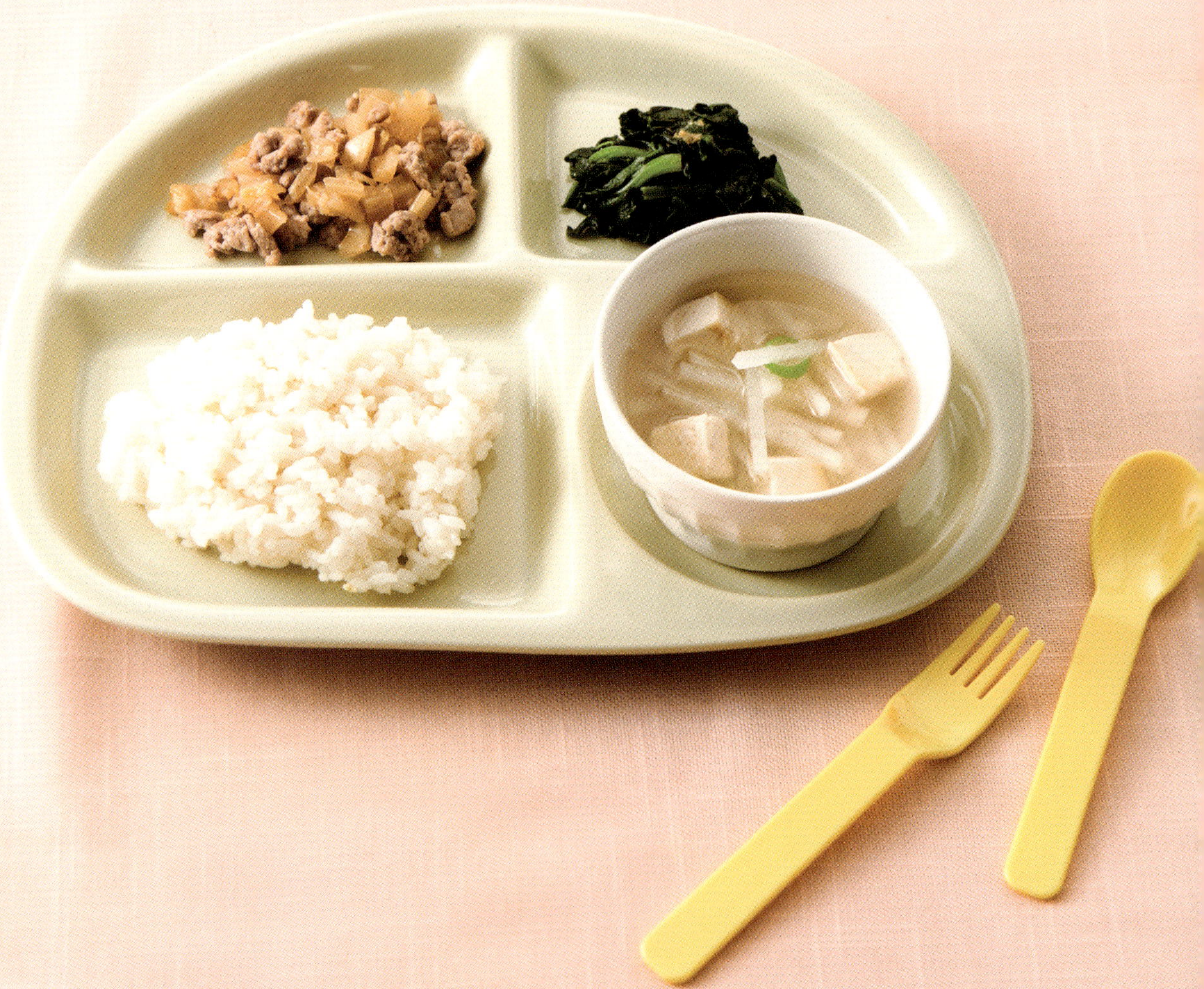

어느 날 갑자기 식탁 위에 빨갛고 매콤한 김치를 올리면 아이들은 거부 반응이 생길 수밖에 없어요. 씻은 김치를 맵지 않게 볶아 아이가 김치와 친해지는 기회를 만들어주어요. 돼지고기와 함께 볶으니 영양이 더욱 높아진답니다. 쌀밥 짓기는 p.33을 참고해요.

시원하고 깔끔한 두부무국

recipe

ingredient
무 50g, 두부 1/4모,
참기름 1/2큰술, 양파 조금,
대파 조금, 국간장 1큰술,
다진 마늘 1작은술,
멸치다시마육수 3컵

1. 무는 채썰기한다.
2. 두부는 가로, 세로 1cm 정도로 깍둑썰기한다.
3. 냄비에 무와 참기름을 넣고 가볍게 볶는다.
4. **3**에 멸치다시마육수를 붓고 끓인다.
   멸치다시마육수 만드는 법은 p.24를 참고해요.
5. **4**에 두부, 양파, 대파, 국간장, 다진 마늘을 넣고 한소끔 끓인다.

 **mom's note**

- 무를 볶을 때 참기름을 너무 많이 넣으면 나중에 기름이 둥둥 뜨다니 주의합니다.

맵지 않은 돼지고기김치볶음

recipe

1. 다진 돼지고기는 키친타월로 핏물을 닦아내고 김치는 물에 씻어 다진다.
2. 달군 팬에 돼지고기를 넣고 볶는다.
   돼지고기를 볶을 때 기름을 두르지 않아요.
3. 돼지고기가 익으면 김치를 넣고 볶는다.

ingredient

다진 돼지고기 40g,
씻은 김치 한 줌

mom's note

- 개월 수가 낮거나 매운 음식을 잘 못 먹는 아이의 경우에는 김치를 씻은 후 물에 잠시 동안 담가서 염분기와 매운맛을 충분히 제거한 뒤 만들어줍니다.

아삭하고 고소한 시금치된장무침

recipe

ingredient
시금치 1/2단, 된장 1작은술,
참기름 1작은술,
깨소금 조금

1 시금치는 깨끗이 씻어 다듬는다.
2 냄비에 물을 1/3 정도 붓고 끓인 뒤 시금치를 넣고 데친다.
   시금치는 1~2번 뒤집고 꺼내는 정도로 빨리 데쳐요.
3 시금치를 찬물에 헹구고 물기를 꼭 짠다.
   아이가 먹기 좋게 썰어주세요.
4 볼에 시금치, 된장, 참기름, 깨소금을 넣고 무친다.

Lunch 03

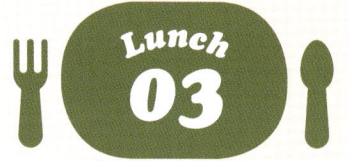

냉장고에 남은 채소를 활용한 점심 식판

잡곡밥 / 들깨감자국 / 새우채소전 / 부추무침

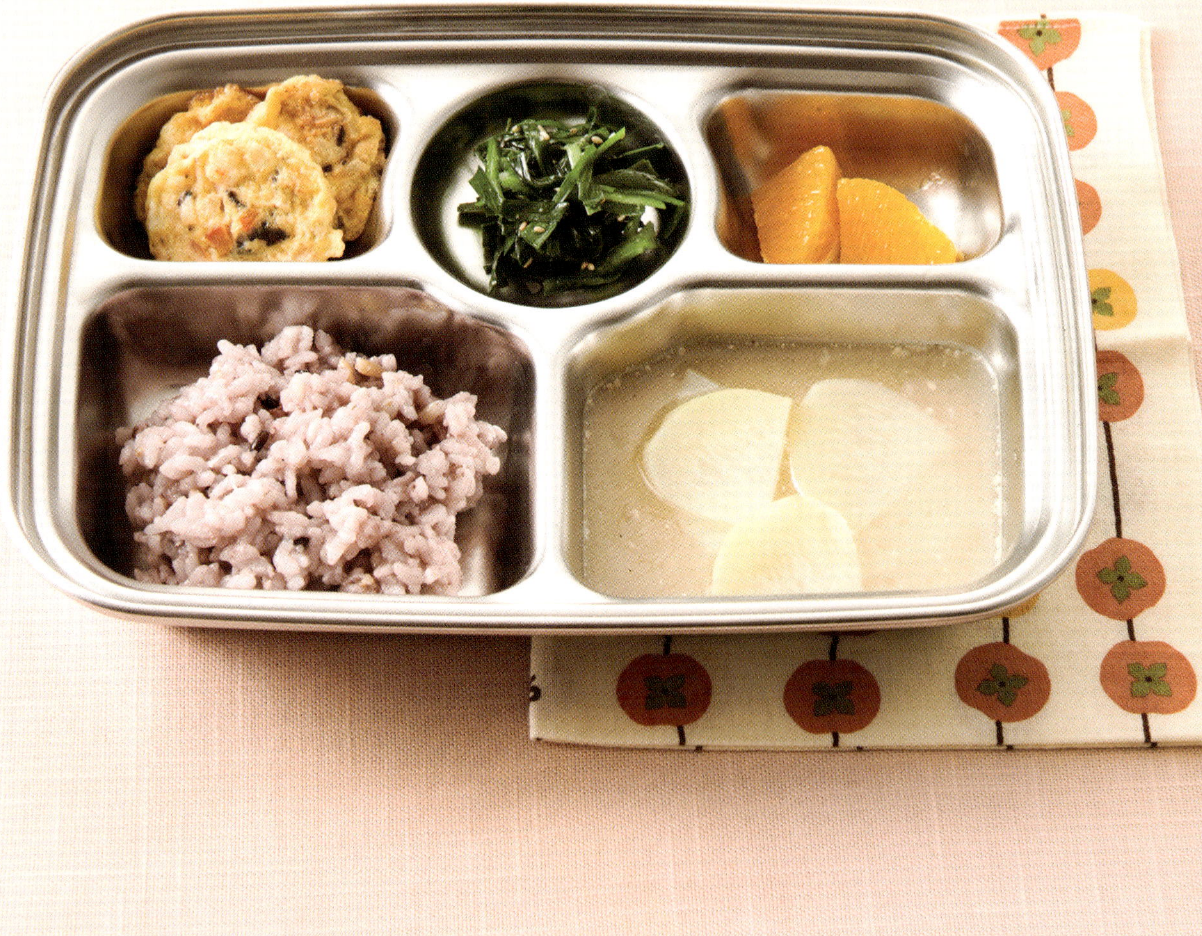

냉장고에 남은 채소를 이용해 전을 부쳐보아요. 잘게 다져서 새우까지 듬뿍 넣으니 담백한 새우채소전으로 재탄생하네요. 쉽고 빠르게 끓일 수 있는 들깨감자국과 부추무침을 곁들여 영양 가득한 점심 식단을 완성했어요. 잡곡밥 짓기는 p.34를 참고해요.

맑고 고소한 들깨감자국

recipe

1. 감자는 반달썰기한다.
2. 냄비에 멸치다시마육수를 붓고 감자와 양파를 넣어 끓인다.
   멸치다시마육수 만들기는 p.24를 참고해요.
3. 감자가 익으면 국간장으로 간을 맞추고 들깻가루를 넣는다.
4. 3을 한소끔 끓인다.

ingredient

감자 1개, 양파 조금,
국간장 1큰술,
들깻가루 1큰술,
멸치다시마육수 3컵

오동통한 새우살이 듬뿍 새우채소전

recipe

ingredient
다진 새우 1/2컵,
다진 채소(버섯, 호박,
파프리카, 양파 등) 1/2컵,
달걀 1개, 밀가루 2큰술,
식용유

1 새우는 껍질을 벗기고 깨끗이 씻어 손질한다.
   내장은 이쑤시개로 제거해요.
2 냉장고에 남은 채소를 잘게 다진다.
3 볼에 새우, 채소, 달걀, 밀가루를 넣고 반죽을 만든다.
4 달군 팬에 기름을 두르고 반죽을 한 숟가락씩 떠서 올린다.
5 4를 약불에서 노릇노릇하게 부친다.

향긋한 부추무침

recipe

1. 부추는 깨끗이 씻어 다듬는다.
   뿌리의 흙과 이파리의 시든 부분을 제거해요.
2. 냄비에 물을 1/3 정도 부어 끓인 뒤 부추를 넣고 데친다.
   부추를 오래 데치면 질겨지므로 2~3번 뒤적이고 바로 꺼내요.
3. 부추를 찬물에 헹궈 물기를 꼭 짜고 잘게 썬다.
4. 볼에 부추, 참기름, 깨소금을 넣고 무친다.

ingredient
부추 한 줌(1/2단),
참기름 1/2큰술,
깨소금 조금

 **mom's note**

- 부추는 다른 양념을 많이 넣지 않고도 본연의 향과 맛으로 즐길 수 있어요.

Lunch 04 담백하고 깔끔한 점심 식판

쌀밥 / 맑은된장국 / 시금치닭가슴살무침 / 팽이버섯부추전

닭가슴살을 시금치와 담백하게 무친 식판식이에요. 기름에 볶지 않고 무쳐서 깔끔한 맛이 좋아요. 된장국은 아이가 먹을 거라서 된장의 양을 줄여 맑게 끓여보았어요. 쌀밥 짓기는 p.33을 참고해요.

짜지 않은 맑은된장국

recipe

1. 호박, 버섯, 두부는 가로, 세로 1cm 정도로 깍둑썰기한다.
2. 냄비에 멸치다시마육수를 붓고 호박과 버섯을 넣어 끓인다.
   멸치다시마육수 만들기는 p.24를 참고해요.
3. 2에 된장을 풀어 넣는다.
4. 3에 두부를 넣고 한소끔 끓인다.

ingredient

호박 한 줌, 버섯 한 줌,
두부 1/4모, 된장 1/2큰술,
멸치다시마육수 3컵

mom's note

- 육수에 처음부터 된장을 풀지 않고 마지막에 넣으면 훨씬 덜 사용하게 됩니다. 재료가 적당히 익어 육수가 충분히 맛있게 우러났기 때문에 된장이 덜 들어가도 밍밍하게 느껴지지 않습니다.

새콤달콤 맛있는 시금치닭가슴살무침

recipe

ingredient

닭가슴살 40g,
시금치 1/3단

양념 | 간장 1작은술,
매실진액 1작은술,
설탕 1작은술,
참기름 1작은술,
깨소금 조금

1 닭가슴살은 깨끗이 씻은 뒤 끓는 물에 삶는다.
　닭가슴살을 젓가락으로 찔러 속까지 완전히 익었는지 확인해요.
2 시금치는 끓는 물에 데쳐 찬물에 헹구고 물기를 꼭 짠다.
3 닭가슴살을 먹기 좋게 손으로 찢고 시금치는 작게 썬다.
4 양념을 만든다.
5 볼에 닭가슴살, 시금치, 양념을 넣고 무친다.

씹는 식감이 살아 있는 팽이버섯부추전

1. 팽이버섯과 부추는 1cm 길이로 썬다.
   부추는 팽이버섯의 반 정도 준비해요.
2. 볼에 팽이버섯, 부추, 달걀, 밀가루, 소금을 넣고 섞어서 반죽을 만든다.
3. 반죽을 한 숟가락씩 떠서 기름을 두른 팬에 노릇노릇하게 부친다.

recipe

ingredient

팽이버섯 한 줌, 부추 한 줌, 달걀 1개, 밀가루 2큰술, 소금 조금, 식용유

Lunch 05

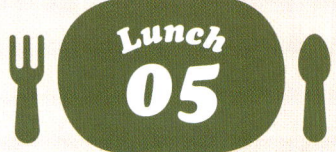

채소를 좋아하지 않는 아이를 위한 점심 식판

검은콩밥 / 소고기오이볶음 / 대파가지볶음

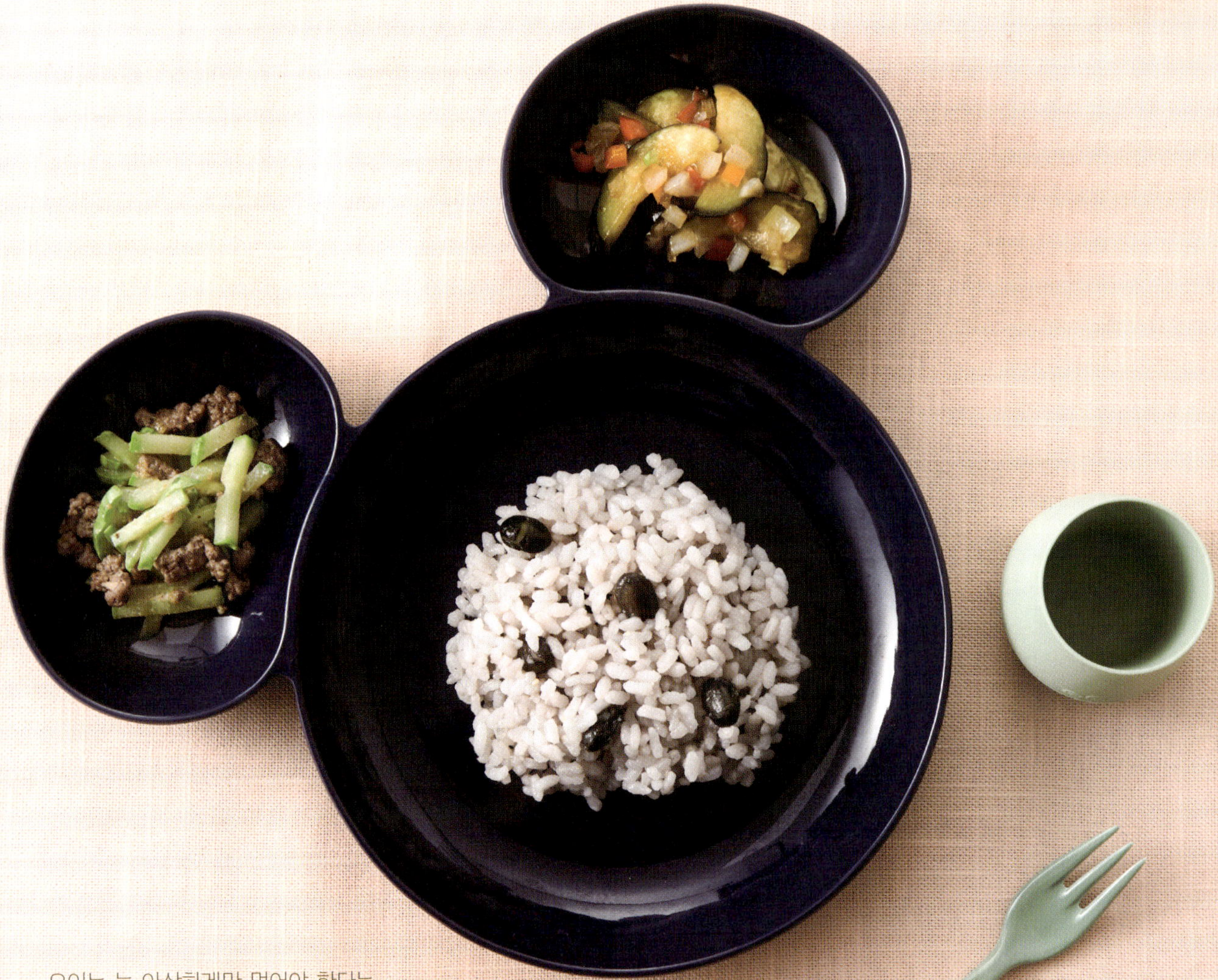

오이는 늘 아삭하게만 먹어야 한다는 편견을 버리고 다진 소고기와 함께 볶으면 맛과 영양이 가득한 아이 반찬으로 변신한답니다. 아이가 잘 먹지 않는 가지도 고소하게 볶아 맛있게 먹을 수 있도록 했어요. 검은콩밥 짓기는 p.35를 참고해요.

오이의 색다른 변신 소고기오이볶음

recipe

ingredient
다진 소고기 40g,
오이 1/3개,
들깻가루 1/2큰술
밑간|간장 1작은술,
참기름 1작은술

1. 소고기는 핏물을 빼고 밑간을 한다.
2. 오이는 채썬다.
3. 오이를 키친타월로 가볍게 눌러 물기를 뺀다.
4. 팬에 소고기를 넣고 빠르게 볶는다.
   소고기를 볶을 때 기름은 두르지 않아요.
5. 4에 오이를 넣고 볶는다.
6. 오이가 숨이 죽으면 불을 끄고 들깻가루를 뿌린다.

향긋한 대파가지볶음

1. 가지는 반으로 잘라 어슷썰기한다.
2. 팬에 기름을 두른 뒤 대파, 파프리카, 양파를 넣고 중불에서 볶는다.
3. 가지와 양념을 넣고 강불에서 빠르게 볶는다.

recipe

ingredient

가지 1개, 다진 대파 한 줌,
다진 파프리카 한 줌,
다진 양파 한 줌, 식용유
양념|간장 1작은술,
올리고당 1작은술

mom's note

- 다진 마늘과 고춧가루를 추가하면 엄마, 아빠를 위한 가지볶음이 됩니다.

Lunch 06

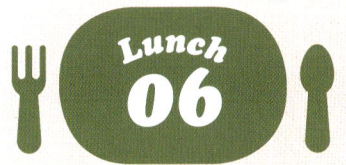

우리 아이 특별 메뉴로 좋은 점심 식판

기장밥 / 닭가슴살스테이크 / 무나물

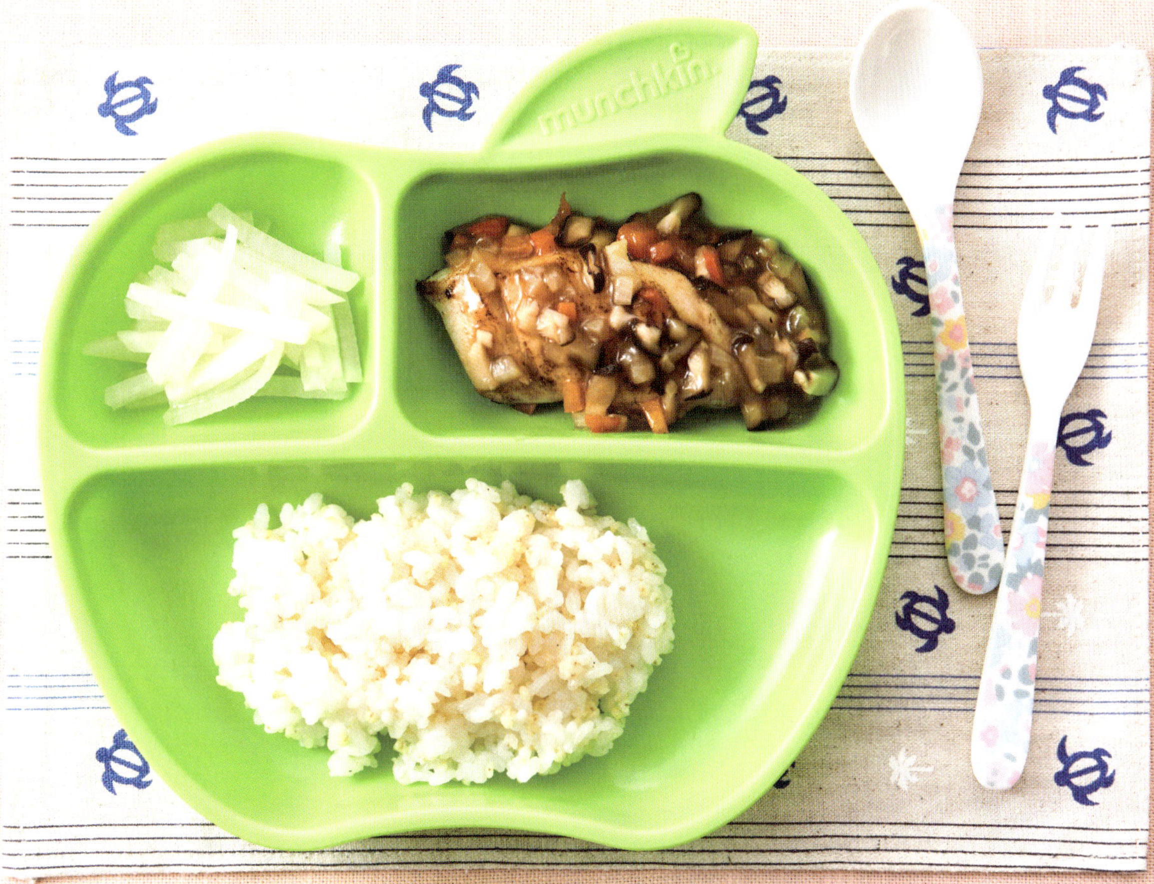

아이 반찬으로 애용하는 닭가슴살로 조금 색다른 요리를 준비해보았어요. 달콤한 간장소스를 만들어 함께 먹는 닭가슴살스테이크는 아이는 물론 아빠의 입맛까지 사로잡을 수 있어 온 가족 특별 메뉴로 딱이에요. 기장밥 짓기는 잡곡밥 짓기(p.34)를 참고해요.

recipe

달콤한 간장소스를 곁들인 닭가슴살스테이크

1. 닭가슴살은 칼집을 내고 우유에 재운다.
2. 양파, 버섯, 파프리카는 작게 썬다.
3. 소스를 만든다.
4. 팬에 기름을 살짝 두르고 닭가슴살을 넣어 속까지 바짝 익힌다.
5. 팬에 **2**를 넣고 볶다가 소스를 넣고 거품이 한 번 올라올 정도로 볶는다.
   소스가 졸아들지 않게 해요.
6. **5**에 전분물을 만들어 넣는다.
7. 소스가 걸쭉하게 되도록 젓고 닭가슴살 위에 뿌린다.

ingredient

닭가슴살 한 덩이(50g),
우유, 양파 한 줌, 버섯 한 줌,
파프리카 한 줌, 식용유

소스 | 간장 1큰술,
설탕 1작은술,
올리고당 1작은술,
물 2큰술

전분물 | 전분가루 1작은술,
물 2큰술

 **mom's note**

- 닭가슴살이 두꺼우면 속까지 바짝 익히기 힘든데 칼집을 내면 속까지 익히는 게 좀 더 수월해집니다. 오븐이 있다면 오븐에 구워도 좋습니다.

부드럽고 담백한 무나물

recipe

1. 무는 채썬다.
   무를 너무 얇게 채썰면 쉽게 물러지니 살짝 도톰하고 짧게 썰어요.
2. 팬에 무를 넣고 볶다가 참기름과 다진 마늘을 넣어 볶는다.
3. 무가 살짝 잠길 정도로 물을 붓는다.
4. 뚜껑을 덮은 뒤 무가 흐물흐물해질 정도로 약불에서 익힌다.

ingredient

무 100g, 참기름 1큰술,
다진 마늘 1/2작은술

Lunch 07

새콤달콤 영양 챙긴 점심 식판

쌀밥 / 토마토소고기볶음 / 삶은메추리알 / 깻잎순볶음

토마토는 기름에 볶으면 영양가가 높아지고 새콤달콤한 맛이 더욱 풍부해져요. 토마토와 소고기를 함께 볶아서 맛과 영양을 함께 챙겨요. 깻잎순볶음은 아이들에게 익숙하지 않은 나물요리를 조금씩 먹는 습관을 길러줄 거예요. 쌀밥 짓기는 p.33을 참고해요.

새콤달콤 토마토소고기볶음

recipe

1. 다진 소고기는 키친타월로 핏물을 제거한다.
2. 방울토마토는 칼집을 낸 뒤 끓는 물에 살짝 데쳐 껍질을 벗긴 다음 작게 썬다.
3. 팬에 기름을 두른 뒤 소고기와 다진 양파를 넣고 볶는다.
4. 고기가 익으면 방울토마토를 넣고 빠르게 볶는다.

ingredient

다진 소고기 40g,
방울토마토 6개,
다진 양파 1큰술, 식용유

 **mom's note**

- 방울토마토를 볶을 때 국물을 빼고 넣으면 깔끔한 볶음요리가 돼요. 국물까지 넣고 볶으면 물이 생기고 걸쭉해져서 덮밥으로 활용하기 좋아요.

담백하게 먹는 삶은메추리알

recipe

ingredient
메추리알 30개,
소금 1작은술,
식초 1작은술

1. 냄비에 메추리알이 잠길 정도의 물을 붓고 메추리알을 삶는다.
   식초와 소금을 넣고 삶으면 껍데기를 더욱 쉽게 벗길 수 있어요.
   불은 중불로 하고 끓기 시작하면 약불에서 5분 정도 더 끓여요.
2. 삶은 메추리알을 찬물로 헹군 뒤 껍데기를 깐다.

상큼한 향이 좋은 깻잎순볶음

recipe

ingredient

깻잎순 100g

양념 | 다진 마늘 1작은술,
국간장 1/2큰술,
들기름 1/2큰술

1. 깻잎순은 물에 씻으며 시든 부분을 손질한다.
2. 끓는 물에 깻잎순을 빠르게 데친 뒤 찬물에 헹군다.
3. 물기를 꼭 짜고 작게 썬 뒤 양념을 넣어 무친다.
4. 팬에 넣고 2분 정도 볶는다.

Lunch 08

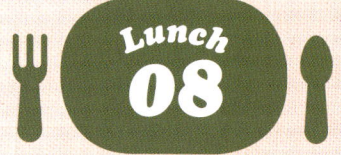

단백질로 든든함을 챙긴 점심 식판

완두콩밥 / 소고기호박볶음 / 두부브로콜리볶음

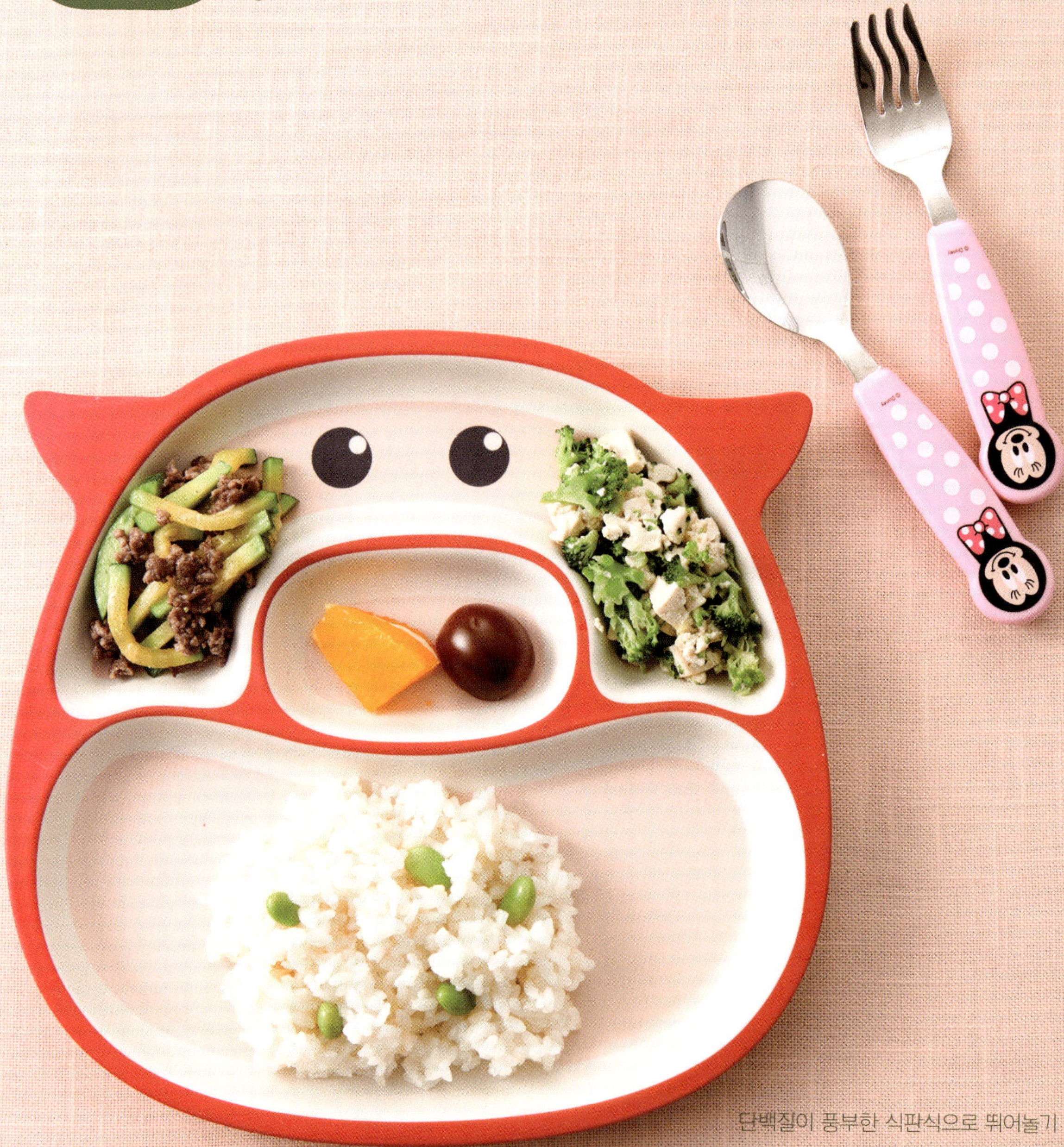

단백질이 풍부한 식판식으로 뛰어놀기 좋아하는 아이를 위해 든든한 점심을 준비해요. 완두콩밥 짓기는 검은콩밥 짓기(p.35)를 참고해요.

호박만 먹기는 심심해 소고기호박볶음

recipe

1. 호박은 채썬다.
2. 소고기는 핏물을 빼고 밑간을 한다.
3. 팬에 소고기를 넣고 살짝 볶는다.
4. **3**에 호박을 넣고 투명해질 때까지 볶는다.

ingredient

호박 1/3개,
다진 소고기 40g
밑간 | 간장 1작은술,
참기름 1작은술

두부와 볶아 더 고소한 두부브로콜리볶음

recipe

1. 브로콜리는 잘게 다지고 두부는 가로, 세로 1cm 정도로 깍둑썰기한다.
2. 팬에 브로콜리를 넣고 볶는다.
   기름을 두르는 대신 물을 넣어요.
3. 브로콜리가 익으면 두부를 넣고 으깨지도록 젓는다.

ingredient

브로콜리 부분 한 송이,
두부 1/8모, 물 1큰술

Lunch 09

특별한 느낌을 주는 점심 식판

쌀밥 / 생선전 / 고구마조림 / 묵은지볶음

조금은 특별한 느낌을 주는 점심을 준비해보아요. 간식으로만 먹던 고구마를 간장에 조리면 색다른 반찬이 됩니다. 주로 명절에 만나는 생선전은 특별한 날인 것 같은 느낌을 주는 반찬이 되고요. 쌀밥 짓기는 p.33을 참고해요.

별미로 먹는 생선전

recipe

1. 흰 살 생선은 얇게 포를 떠 소금을 뿌린다.
2. 생선살 겉면에 밀가루를 입힌다.
3. **2**에 달걀물을 입힌다.
4. 달군 팬에 기름을 두르고 전을 부친다.

ingredient

흰 살 생선
(명태살이나 대구살) 100g,
소금 조금, 밀가루 1/3컵,
달걀 1개, 식용유

mom's note

- 생선을 포를 뜰 때 가시가 없는지 꼭 확인해야 합니다. 밀가루와 달걀물을 체에 걸러서 사용하면 더 깔끔하게 전을 만들 수 있습니다.

달콤해서 더욱 맛있는 고구마조림

1. 고구마는 껍질을 벗겨 가로, 세로 1cm 정도로 깍둑썰기한다.
2. 양념을 만든다.
3. 팬에 기름 없이 고구마를 넣고 볶는다.
4. 고구마가 반 정도 잠길 만큼 물을 붓고 **2**를 넣는다.
5. 약불에서 뒤적이며 조린다.

recipe

ingredient

고구마 1/2개(100g)

양념│간장 1작은술, 참기름 1작은술, 올리고당 1작은술

고소한 들기름의 매력 묵은지볶음

1. 묵은지는 씻어서 물기를 뺀 뒤 먹기 좋게 썬다.
2. 묵은지에 들기름을 넣고 버무린다.
3. 팬에 **2**를 넣고 가볍게 볶는다.
   오래 볶지 않도록 해요.

recipe

ingredient
묵은지 1/3컵,
들기름 1작은술

- 묵은지를 미리 물에 담가두면 염분과 매운맛을 제거하는 데 도움이 됩니다.

Lunch 10

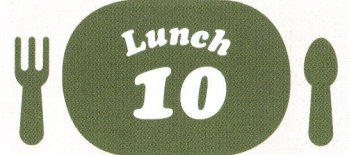

맛과 영양을 업그레이드한 점심 식판

잡곡밥 / 소고기감자조림 / 미나리무침

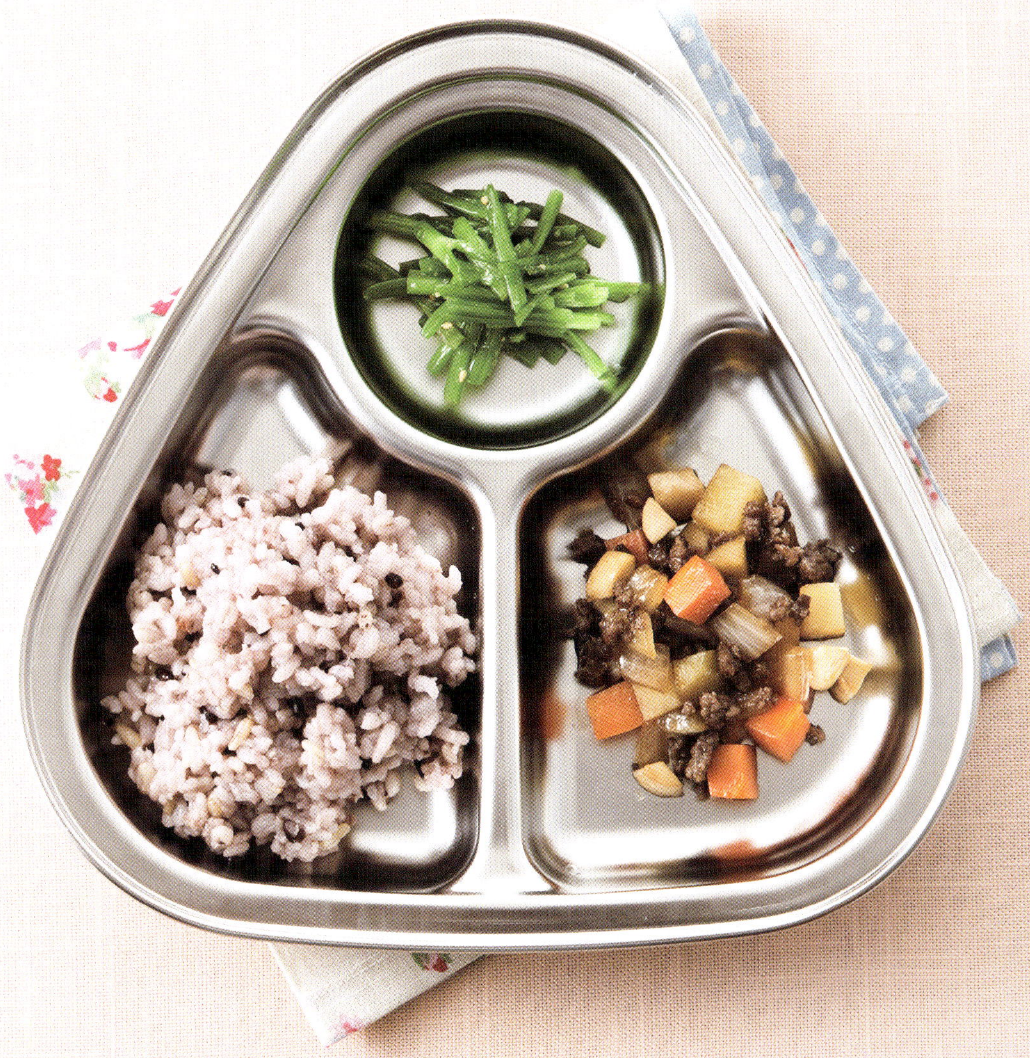

활동량이 많은 아이들을 위한 점심 식단의 포인트는 간단하면서도 맛과 영양을 높이는 것이에요. 간단한 감자조림에 소고기 하나만 추가해도 맛과 영양이 더욱 풍부해진답니다. 잡곡밥 짓기는 p.34를 참고해요.

소고기와 감자의 만남 소고기감자조림

recipe

1. 감자, 당근, 양파, 버섯을 가로, 세로 1cm 정도로 깍둑썰기한다.
2. 양념을 만든다.
3. 팬에 **1**을 넣고 볶다가 물을 붓고 끓인다.
   물은 채소가 살짝 잠길 정도로 부어요.
4. 감자와 당근이 충분히 익으면 소고기를 넣는다.
   소고기는 핏물을 미리 빼두면 좋아요.
5. **4**에 양념을 넣고 국물이 자작해질 때까지 졸인다.

ingredient

다진 소고기 40g,
감자 한 줌, 당근 한 줌,
양파 한 줌, 버섯 한 줌

양념|간장 2작은술,
설탕(올리고당) 1작은술,
참기름 1작은술

 **mom's note**

- 아이 반찬이므로 짜지 않도록 양념을 가장 마지막에 넣습니다.

상큼한 미나리무침

recipe

1. 미나리는 물에 씻으며 시들거나 지저분한 부분을 손질한다.
2. 끓는 물에 미나리를 빠르게 데친다.
   끓는 물에 넣고 한 번 뒤집어준 다음 바로 건져요.
3. 찬물에 헹군 뒤 물기를 꼭 짜고 1~2cm 크기로 썬다.
4. 볼에 미나리, 국간장, 참기름, 깨소금을 넣고 조물조물 무친다.

ingredient

미나리 한 줌,
국간장 1작은술,
참기름 1작은술,
깨소금 조금

Lunch 11

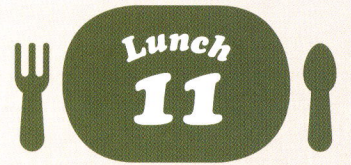

건강한 엄마표 치킨커틀릿을 담은 점심 식판

쌀밥 / 치킨커틀릿 / 양송이버섯구이 / 양상추달걀샐러드

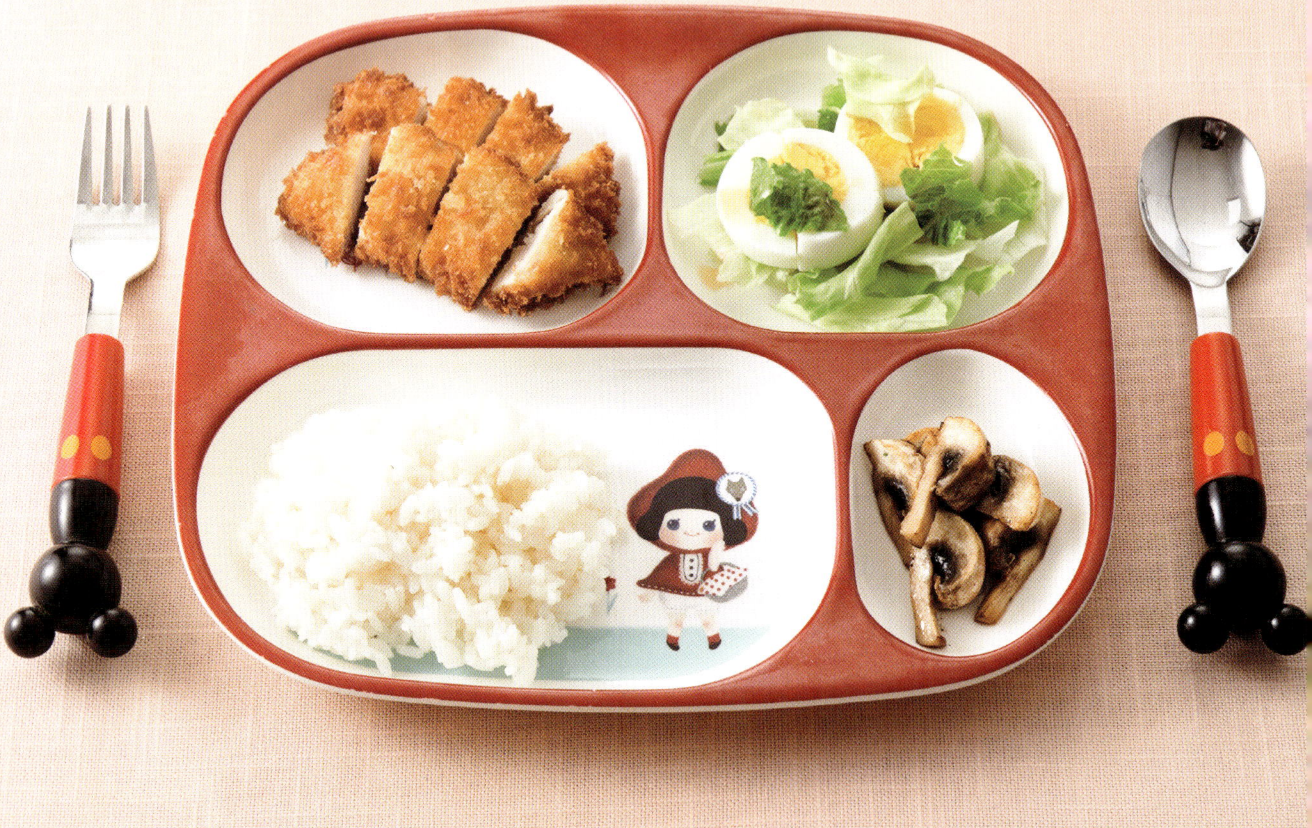

닭가슴살로 만든 치킨커틀릿은 집에서 만들기 간단하고 맛도 좋아 자주 요리해요. 아이가 커가면서 시판 냉동식품에 길들여지기 쉬운데 엄마표 치킨커틀릿으로 아이의 입맛과 건강을 모두 챙겨보아요. 쌀밥 짓기는 p.33을 참고해요.

부드러운 닭안심살의 변신 치킨커틀릿

1. 닭안심살은 힘줄을 가위로 잘라낸 뒤 우유에 재운다.
   힘줄을 속까지 다 자르면 닭이 으스러질 수 있으니 겉에 보이는 것만 잘라주세요.
2. 닭안심살을 넓게 펼치고 소금을 뿌린다.
3. **2**에 밀가루를 얇게 입힌 뒤 달걀물을 입힌다.
   밀가루가 뭉치지 않도록 털어줘요.
4. **3**에 빵가루를 꾹꾹 눌러 입힌다.
5. 팬에 기름을 두르고 예열한 뒤 **4**를 넣고 노릇노릇하게 익힌다.

recipe

ingredient
닭안심살 200g, 우유, 소금 조금, 밀가루 1/2컵, 달걀 1개, 빵가루 1/2컵, 식용유

mom's note
- 튀김요리는 기름을 많이 사용해야 하는 것으로 생각하기 쉽습니다. 하지만 엄마표 치킨커틀릿은 얇아서 팬에 기름을 자작하게 두르고 전 부치듯 익히기 때문에 적은 양의 기름으로도 충분합니다.

고소한 양송이버섯구이

recipe

1. 양송이버섯은 겉면의 지저분한 곳을 벗겨내며 다듬는다.
2. 양송이버섯을 세로로 8등분으로 썬다.
3. 팬에 기름을 살짝 두르고 중불에서 빠르게 굽는다.

ingredient

양송이버섯 2개, 식용유

아삭아삭 싱그러운 양상추달걀샐러드

recipe

1. 냄비에 물을 붓고 달걀을 삶는다.
2. 양상추는 깨끗이 씻어 사방 1.5~2cm 크기로 썬다.
3. 삶은 달걀을 찬물에 헹군 뒤 껍데기를 벗겨 가로로 4등분으로 썬다.
4. 양상추 위에 삶은 달걀을 올리고 들기름을 뿌린다.

ingredient

달걀 1개, 양상추 한 줌, 들기름

 *mom's note*

- 달걀을 실수 없이 삶는 법을 알려드리겠습니다. 냄비에 달걀이 잠길 정도로 물을 붓고 뚜껑을 닫은 뒤 중불에서 끓입니다. 물이 끓으면 약불로 줄이고 약 10분간 삶습니다. 반숙을 원할 경우에는 물이 끓은 후 약불에서 약 5~7분 정도 삶아줍니다.

Lunch 12

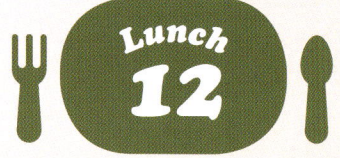

아이의 입맛을 사로잡는 점심 식판

잡곡밥 / 버섯무국 / 소고기안심구이 / 무양파조림

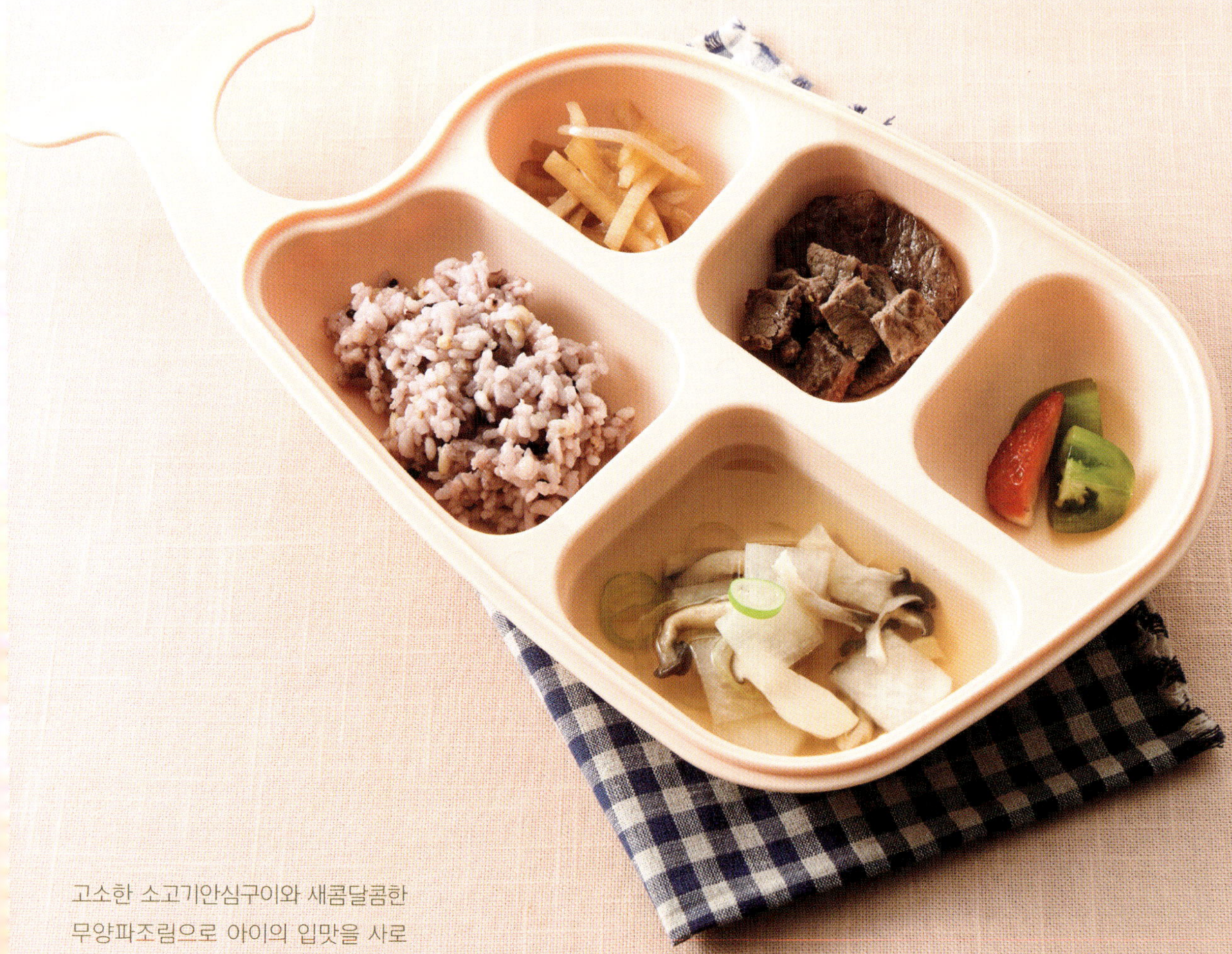

고소한 소고기안심구이와 새콤달콤한 무양파조림으로 아이의 입맛을 사로잡아요. 개운한 버섯무국은 부드럽게 곁들여서 먹기 좋지요. 잡곡밥 짓기는 p.34를 참고해요.

맑고 시원한 버섯무국

1. 버섯은 깨끗이 씻어 먹기 좋게 썬다.
2. 무는 얄팍썰기한다.
3. 냄비에 멸치다시마육수를 붓고 무를 넣어 끓인다.
   멸치다시마육수 만들기는 p.24를 참고해요.
4. 국물이 뽀얗게 우러나면 버섯을 넣고 끓인다.
5. 다진 마늘과 송송 썬 대파를 넣고 국간장으로 간한다.

recipe

ingredient

버섯(느타리, 새송이 등) 1컵,
무 50g, 대파 조금,
다진 마늘 1/2작은술,
국간장 1큰술,
멸치다시마육수 3컵

 mom's note

- 소금으로 부족한 간을 맞추고 고춧가루를 넣으면 엄마, 아빠를 위한 국이 됩니다.

고소한 소고기안심구이

1 소고기 안심을 얇게 썬 뒤 키친타월로 핏물을 제거한다.
안심 대신 등심 부위도 괜찮아요.

2 팬에 기름을 두르고 닦아내어 기름 코팅을 한 뒤 안심을 넣고 앞뒤로 굽는다.
지방이나 힘줄은 제거해주세요.

recipe

ingredient
소고기 안심 50g,
식용유

mom's note

- 냉동된 고기를 사용할 때는 미리 냉장고에 넣어서 천천히 해동하는 것이 좋습니다. 해동 후 키친타월로 핏물을 제거합니다.
- 유아가 먹는 소고기 구이는 핏기가 완전히 없어질 정도로 구워줍니다. 단, 너무 오래 구우면 딱딱하거나 질겨질 수 있으니 주의합니다. 소고기를 구운 뒤 기호에 따라 참기름이나 소금을 첨가해도 좋습니다.

식욕을 돋우는 무양파조림

1. 무와 양파는 길게 채썬다.
2. 팬에 무와 양파를 넣고 볶다가 참기름을 넣는다.
3. 물을 붓고 뚜껑을 닫은 뒤 약불에서 푹 익힌다.
4. 양념을 넣고 물이 졸아들 때까지 볶는다.

recipe

ingredient

무 100g, 양파 한 줌,
참기름 1큰술, 물 1/2컵

양념 | 간장 1/2큰술,
올리고당 1/2큰술

PART 04

엄마, 아빠도 함께하는

맛있는 저녁 식판식

가족이 함께하는 저녁 식판

쌀밥 / 맑은콩나물김칫국 / 소불고기 / 배추된장무침

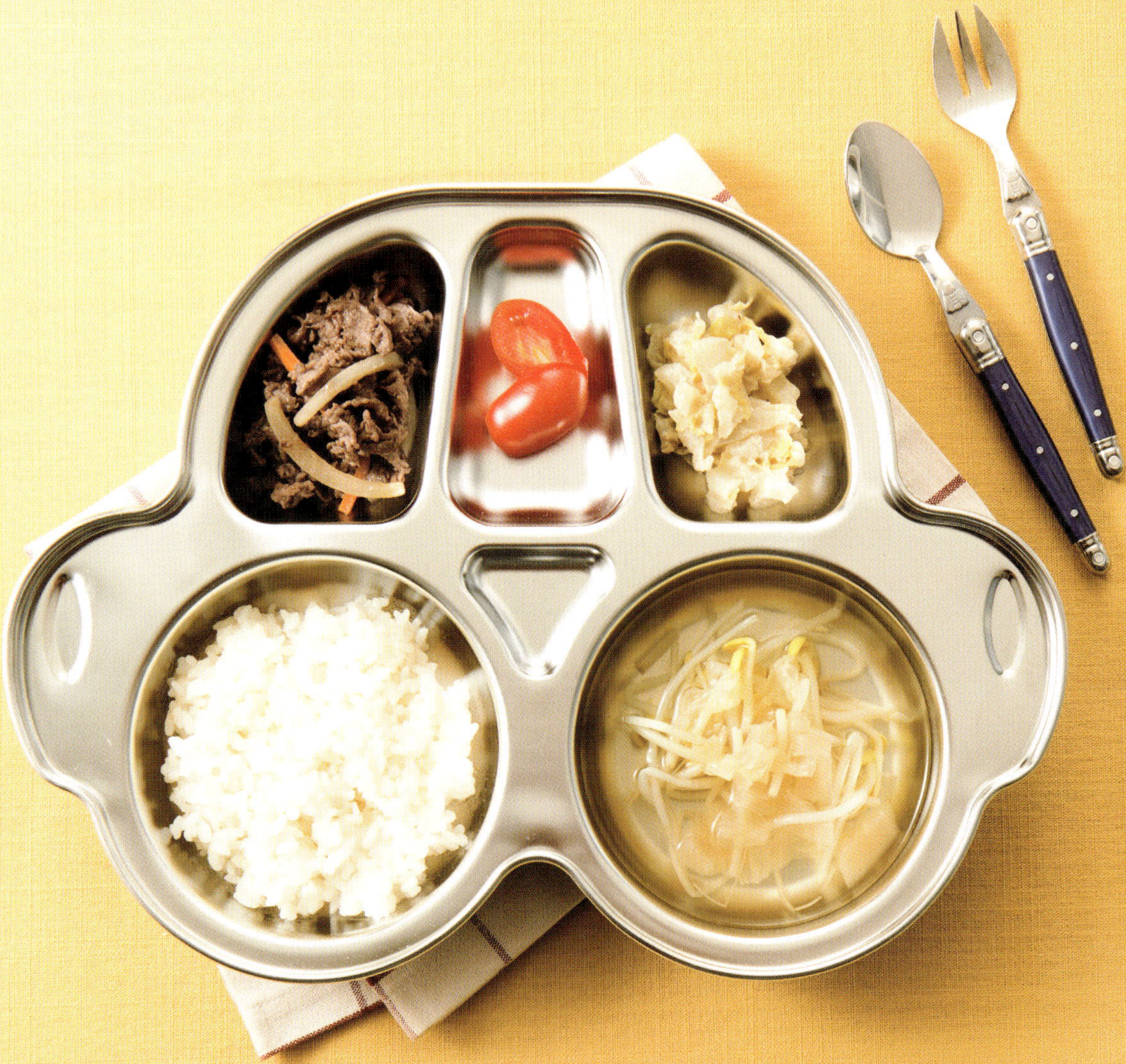

김치를 물에 씻어 콩나물과 함께 끓인 맑은 김칫국은 아이와 어른 모두에게 좋은 메뉴예요. 아이가 자연스럽게 김치 먹는 연습도 할 수 있고요. 엄마표 양념으로 만든 소불고기와 배추된장무침으로 영양까지 고루 챙긴 든든한 저녁 식판입니다. 쌀밥 짓기는 p.33을 참고해요.

김치와 친해져요 맑은콩나물김칫국

recipe

ingredient

씻은 김치 1/2컵,
콩나물 100g, 대파 조금,
국간장 1큰술,
멸치다시마육수 4컵

1. 김치는 물에 씻어 먹기 좋게 썬다.
   김치를 물에 담가 염분 기와 매운맛을 제거해요.
2. 콩나물은 깨끗이 씻어 다듬는다.
3. 냄비에 멸치다시마육수를 부은 뒤 **1**과 **2**를 넣고 15분 정도 끓인다.
   멸치다시마육수 만들기는 p.24를 참고해요.
4. **3**에 대파와 국간장을 넣고 한소끔 끓인다.
   너무 오래 끓이면 시원한 맛이 덜해지니 주의해요.

mom's note

- 어른과 아이가 함께 먹는 국을 끓일 때는 기본 간으로 국간장 1큰술을 넣고, 부족한 간은 어른 국그릇에 따로 소금을 넣어 맞춥니다.

식감이 부드러운 소불고기

recipe

ingredient

불고기용 소고기 200g,
채썬 양파 한 줌,
채썬 당근 한 줌

양념 | 간장 3큰술,
설탕 1/2큰술,
올리고당 1/2큰술,
매실진액 1큰술,
참기름 1큰술,
다진 마늘 1/2큰술,
다진 파 1/2큰술,
배(키위, 사과)
간 것 1/3컵,
양파 간 것 1/3컵

1 소고기는 핏물을 빼고 물기를 제거한다.
2 소고기에 양념 재료를 넣고 간이 잘 배도록 버무린다.
3 **2**를 냉장고에서 잠시 숙성시킨다.
　　숙성 과정 없이 바로 볶아도 괜찮아요.
4 팬에 **3**을 넣고 채썬 양파와 당근을 넣어 함께 볶는다.
　　소고기가 질겨지지 않도록 빠르게 볶아요.

mom's note

• 양념에 키위, 사과, 양파 등을 갈아 넣으면 단맛도 내고 고기도 부드럽고 연하게 만들어줍니다.
• 아이용 불고기로, 어른에게는 간이 약할 수 있습니다. 어른이 먹을 때는 간장과 설탕의 양을 늘리면 됩니다.

참기름과 된장의 조화 배추된장무침

recipe

ingredient

배춧잎 2~3장,
된장 1작은술,
참기름 1작은술,
들깻가루 1작은술

1. 배춧잎은 1~2cm 크기로 썬다.
2. 냄비에 물을 1/3 정도 붓고 끓인 뒤 배춧잎을 넣어 약 30초간 데친다.
3. 배춧잎을 체로 건져 찬물에 헹군 뒤 꼭 짠다.
4. 볼에 배춧잎, 된장, 참기름, 들깻가루를 넣고 무친다.

Dinner 02

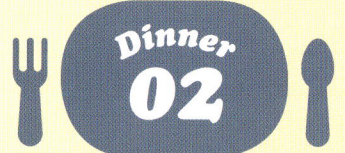

아이가 잘 먹는 동그랑땡으로 차린 저녁 식판

잡곡밥 / 돼지고기동그랑땡 / 데친브로콜리

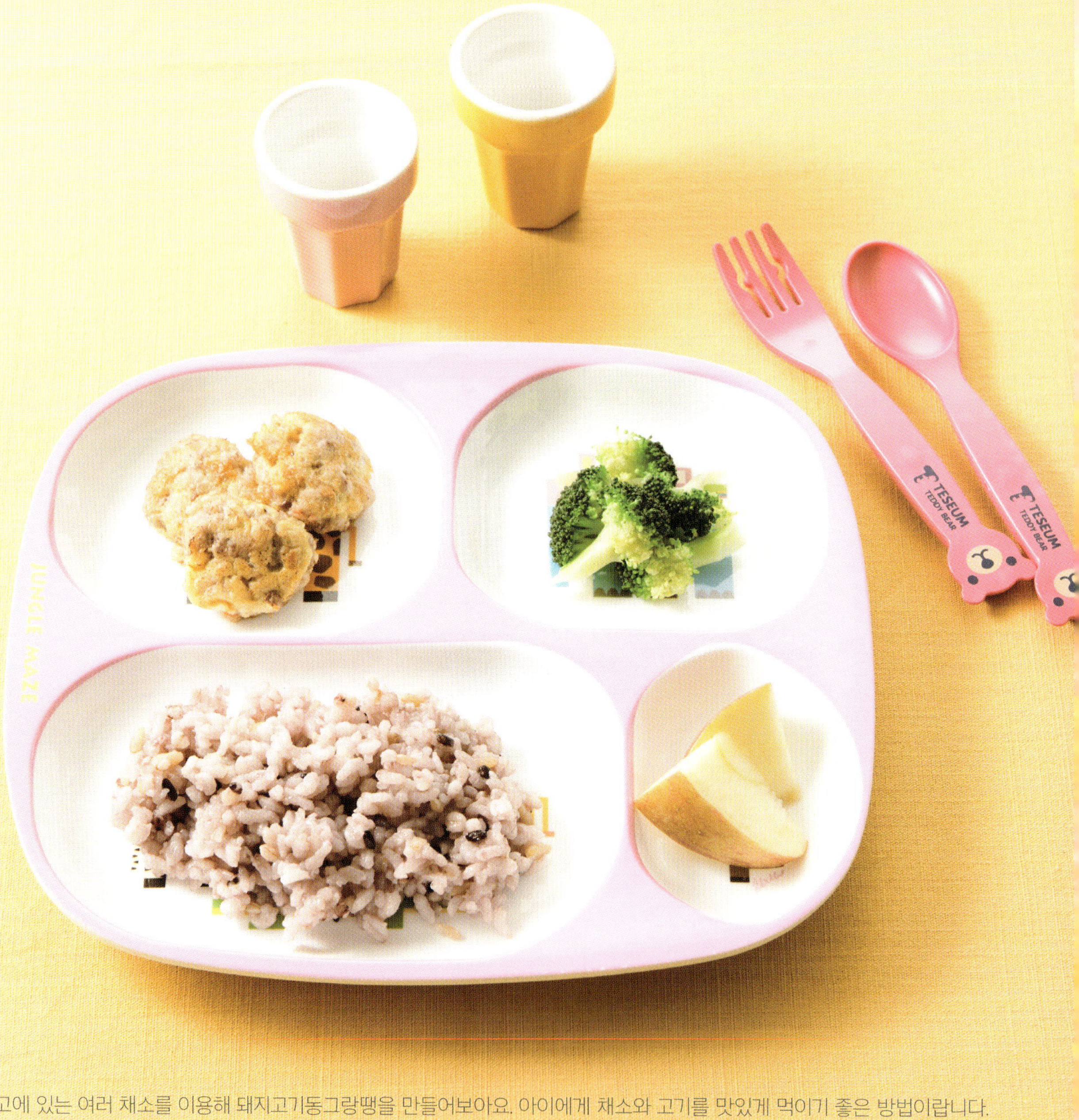

냉장고에 있는 여러 채소를 이용해 돼지고기동그랑땡을 만들어보아요. 아이에게 채소와 고기를 맛있게 먹이기 좋은 방법이랍니다. 데친 브로콜리를 곁들여 먹으니 더욱 건강해지는 느낌이에요. 잡곡밥 짓기는 p.34를 참고해요.

두부가 들어가 부드러운 돼지고기동그랑땡

recipe

1. 두부는 체에 밭쳐 곱게 으깬다.
2. 볼에 다진 돼지고기, 으깬 두부, 다진 채소, 달걀, 밀가루를 넣는다.
3. **2**를 부드럽게 저어 반죽을 만든다.
4. 반죽을 한 숟가락씩 떠서 기름을 두른 팬에 동그랗게 부친다.

ingredient

다진 돼지고기 100g, 다진 채소(당근, 양파, 버섯, 대파 등) 1/2컵, 두부 1/4모, 달걀 1개, 밀가루 2~3큰술, 식용유

recipe

상큼하고 아삭한 데친브로콜리

1. 브로콜리는 깨끗이 씻어 먹기 좋게 썬다.
2. 냄비에 물을 1/3 정도 붓고 끓인 뒤 브로콜리를 넣어 1분간 데친다.
3. 체에 밭쳐 브로콜리의 물기를 뺀다.

ingredient

브로콜리 한 줌

Dinner 03

담백한 맛이 풍부한 저녁 식판

쌀밥 / 닭가슴살감자조림 / 새우호박볶음

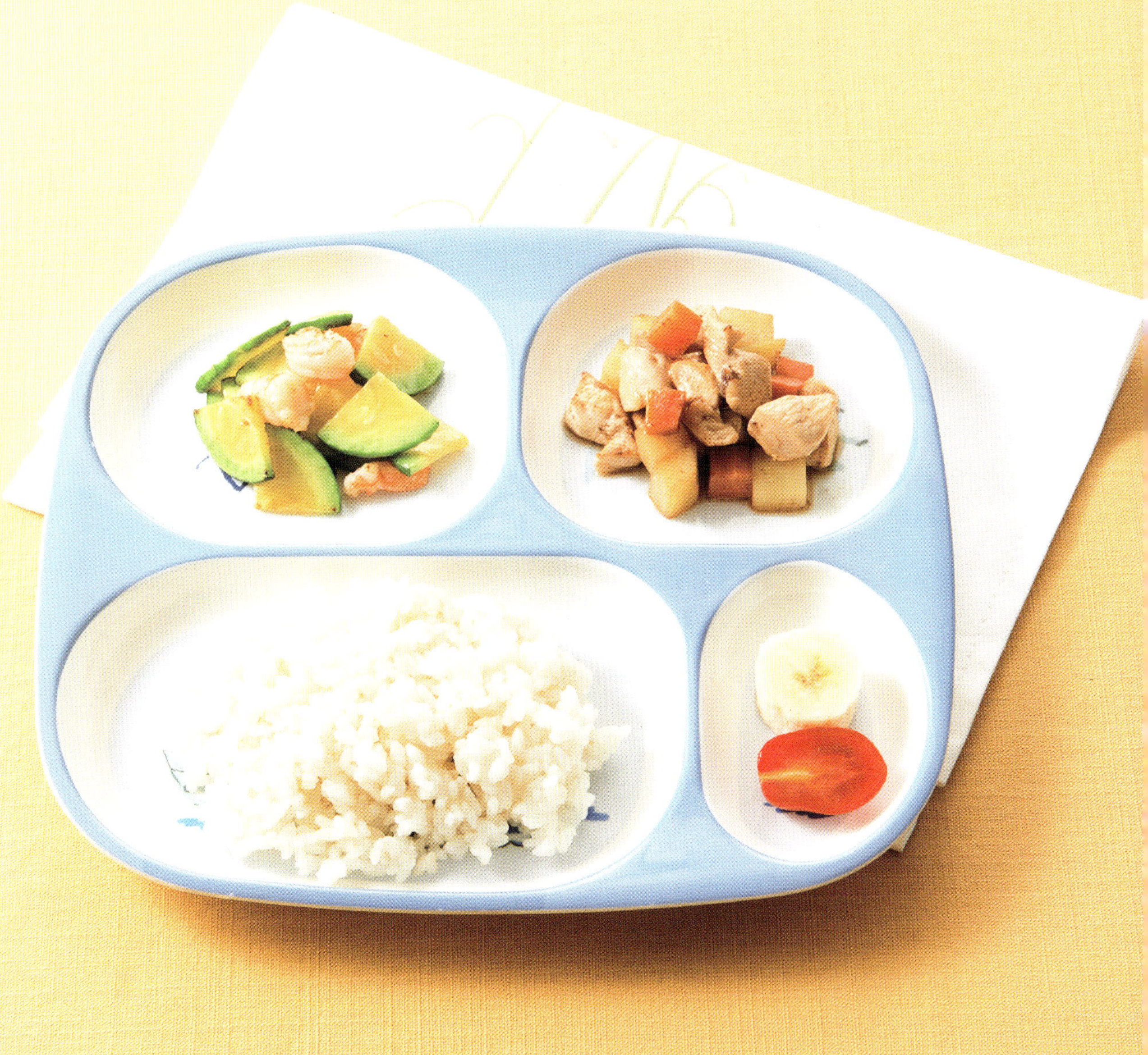

닭가슴살과 감자를 함께 조리면 맛이 더욱 깊어져요. 늘 먹는 호박볶음에 새우를 넣어서 함께 볶아보세요. 감칠맛이 더욱 살아납니다. 쌀밥 짓기는 p.33을 참고해요.

짜지 않은 닭가슴살감자조림

recipe

1. 닭가슴살은 우유에 재운다.
2. 감자와 당근은 가로, 세로 1cm 정도로 깍둑썰기한다.
   당근은 감자 양의 반 정도 사용해요.
3. 닭가슴살을 가로, 세로 1cm 정도로 깍둑썰기한다.
4. 팬에 닭가슴살, 감자, 당근을 넣고 볶는다.
5. 4에 양념을 넣고 재료의 반이 잠길 만큼 물을 부은 다음 국물이 자작해질 때까지 졸인다.

ingredient

닭가슴살 40g, 우유, 감자 1개, 당근 1/3개

양념 | 간장 1작은술, 올리고당 1작은술, 참기름 1작은술

오동통한 새우와 호박을 함께 새우호박볶음

recipe

1. 애호박은 얇게 부채꼴썰기한다.
2. 새우는 껍질을 벗겨 내장과 물총을 제거하고 1cm 크기로 썬다.
3. 팬에 기름을 살짝 두른 뒤 새우를 넣고 볶다가 호박을 넣어 함께 볶는다.
   잘게 썬 대파나 다진 마늘을 넣고 함께 볶아도 좋아요.

ingredient

애호박 1/3개,
새우 3마리, 식용유

Dinner 04

짜지 않은 오징어조림으로 만든 저녁 식판

기장밥 / 소고기배춧국 / 오징어조림 / 가지구이무침

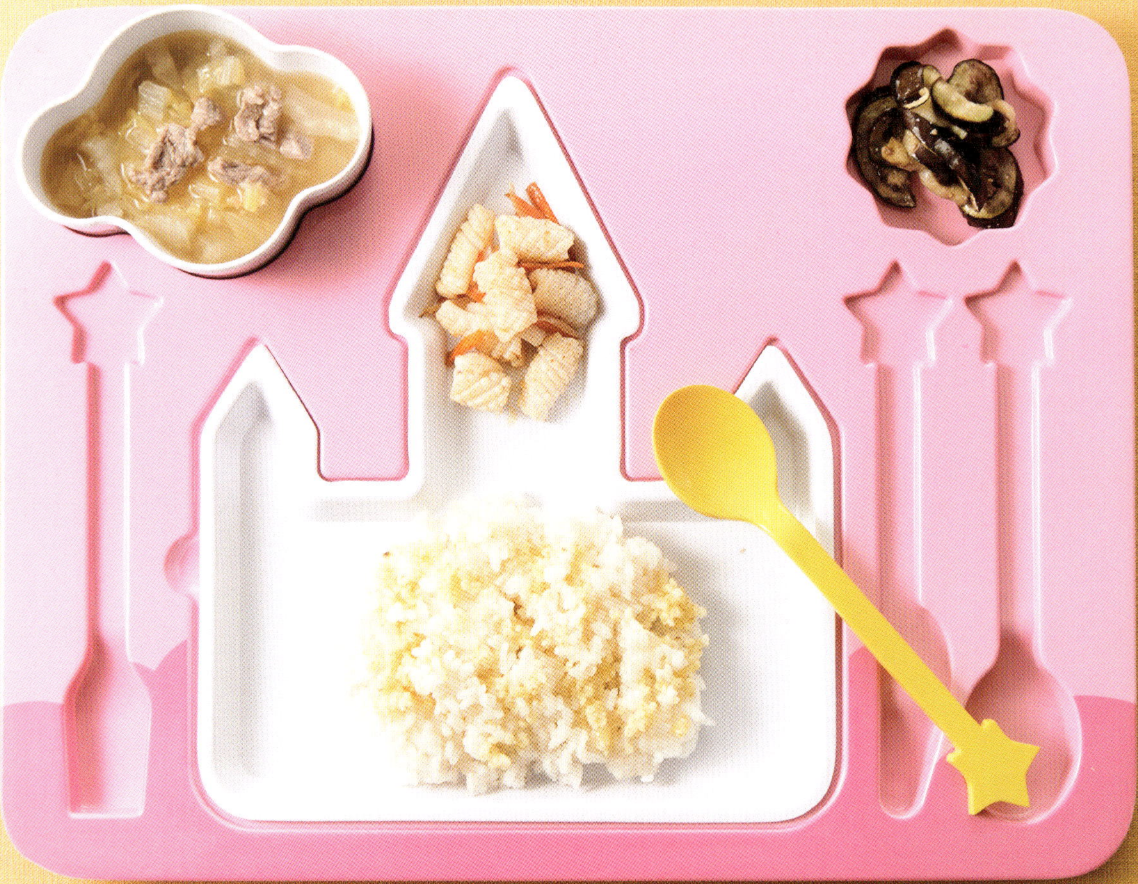

오징어볶음은 맵고 짜서 어른 반찬으로 생각하기 쉽죠. 하지만 짜지 않은 조림 비법이 있으니 아이가 잘 먹는 유아 반찬으로 만들어 보아요. 간단한 가지구이무침과 소고기배춧국을 더해 온 가족이 함께 먹을 수 있는 영양 가득한 저녁 식사를 완성해요. 기장밥 짓기는 잡곡밥 짓기(p.34)를 참고해요.

구수하고 담백한 소고기배춧국

recipe

1. 배춧잎을 깨끗이 씻어 2~3cm 크기로 썬다.
2. 냄비에 멸치다시마육수를 붓고 배춧잎과 소고기를 넣어 끓인다.
   멸치다시마육수 만들기는 p.24를 참고해요.
3. **2**에 된장을 넣는다.
4. 거품을 걷어내며 배춧잎의 숨이 죽을 때까지 끓이고 송송 썬 대파와 국간장을 넣는다.

ingredient

배춧잎 3~4장,
국거리용 소고기 100g,
된장 2/3큰술, 대파 조금,
국간장 1큰술,
멸치다시마육수 3컵

짜지 않은 오징어조림

1. 오징어는 깨끗이 손질하고 칼집을 낸 다음 1cm 크기로 썬다.
2. 양파와 당근은 채썬다.
3. 달군 팬에 기름 없이 오징어, 양파, 당근을 넣고 볶는다.
4. 3에 양념을 넣고 볶다가 물을 붓는다.
   오징어가 살짝 잠길 정도로 물을 부어요.
5. 국물이 자작해질 때까지 졸인다.

recipe

ingredient

오징어 1/2마리,
양파 조금, 당근 조금,
물 1/2컵
양념 | 간장 1~2작은술,
올리고당 1/2작은술,
참기름 1작은술

mom's note

- 오징어는 너무 오래 볶으면 질거지므로 짧은 시간 내에 조리합니다. 호박, 양배추, 파프리카 등 물이 많이 나오는 채소는 피합니다.

구워서 더욱 담백한 가지구이무침

recipe

ingredient
가지 1/2개, 간장 1작은술,
들기름(참기름) 1작은술,
깨소금 조금

1 가지를 5mm 두께로 썬다.
2 팬에 기름 없이 가지를 넣고 앞뒤로 굽는다.
   약불에서 타지 않도록 구워요.
3 **2**를 반으로 썰고 간장, 들기름, 깨소금을 넣어 무친다.

Dinner 05

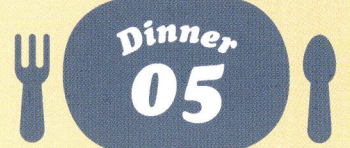

개운하고 깔끔한 저녁 식판

쌀밥 / 굴국 / 돼지목살마늘구이 / 콜라비생채

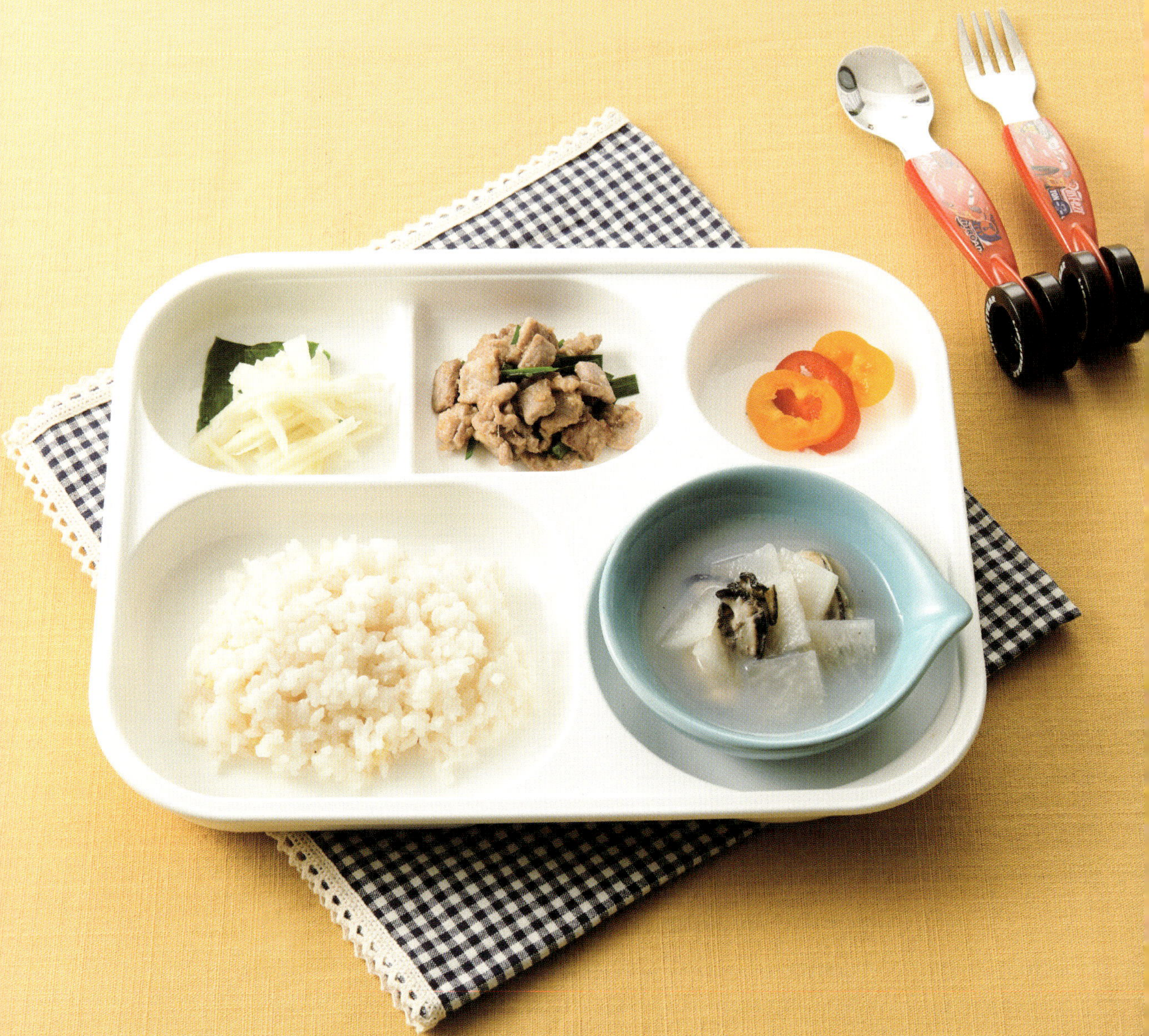

맑고 시원한 굴국에 깔끔한 콜라비생채를 곁들인 식판식이에요. 돼지목살마늘구이로 든든함도 채워요. 쌀밥 짓기는 p.33을 참고해요.

제철 굴로 끓인 굴국

1. 굴은 깨끗이 씻어 준비한다.
2. 무는 얄팍썰기한다.
3. 부추는 3cm 길이로 썬다.
4. 냄비에 멸치다시마육수를 붓고 무를 넣어 끓인다.
   멸치다시마육수 만들기는 p.24를 참고해요.
   무가 다 익고 뽀얀 국물이 우러날 정도로 끓여요.
5. 4에 굴을 넣고 끓이다가 다진 마늘을 넣고 한소끔 더 끓인다.
6. 5에 부추를 넣는다.

recipe

ingredient

굴 1/2컵, 무 80g,
부추 3~4뿌리,
다진 마늘 1작은술,
멸치다시마육수 3컵

- 부추는 국의 색상을 돋보이게 하고 비릿한 맛을 완화시켜줍니다. 부추가 없다면 쪽파나 대파를 조금 넣어도 좋습니다. 단, 파가 많이 들어가면 굴국의 향이 사라지니 주의합니다.

든든하게 맛있는 돼지목살마늘구이

recipe

1. 돼지 목살을 1cm 크기로 썬다.
2. 팬에 기름을 두르고 다진 마늘을 넣어 볶는다.
3. 돼지 목살을 넣고 익을 때까지 볶는다.

ingredient

돼지 목살 40g,
다진 마늘 1작은술, 식용유

recipe

자꾸 손이 가는 콜라비생채

1 콜라비를 얇게 채썰어 소금에 5분 이상 절인다.
2 물이 나오면 따라 버리고 식초와 설탕을 넣고 버무린다.

ingredient

콜라비 50g, 소금 1작은술,
식초 1작은술, 설탕 1작은술

mom's note

- 콜라비는 껍질에 영양이 많기 때문에 껍질째 먹는 것이 좋습니다. 하지만 아이가 먹기 힘들어한다면 껍질을 벗겨 요리해주도록 합니다. 여기에 고춧가루를 추가하면 엄마, 아빠를 위한 콜라비생채가 됩니다. 새콤달콤한 맛을 좋아한다면 식초와 설탕의 양을 늘리면 됩니다.

Dinner 06

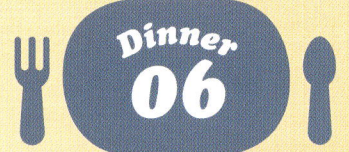

온 가족이 좋아하는 저녁 식판

현미밥 / 소고기미역국 / 채소달걀말이 / 파프리카스틱

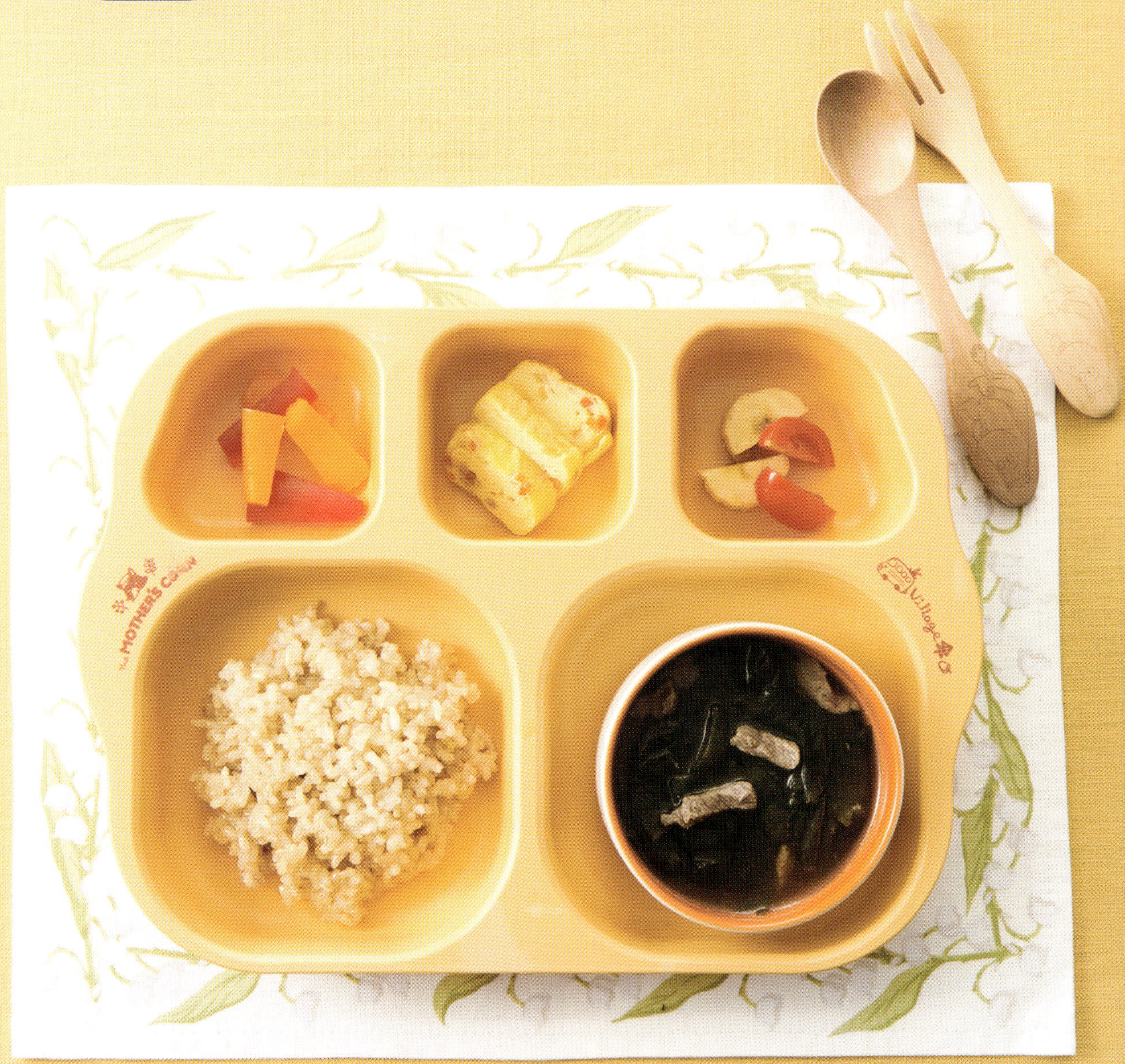

소고기를 넣어 국물이 진한 미역국을 끓이면 온 가족이 먹기 좋은 메뉴가 되지요. 채소를 넣은 달걀말이는 아이도 어른도 함께 즐길 수 있어요. 개운하고 깔끔한 파프리카스틱을 곁들여서 채소 먹는 습관을 길러보아요. 현미밥 짓기는 p.36을 참고해요.

국물이 진한 소고기미역국

1 마른 미역은 물에 불린다.
2 소고기는 핏물을 빼고 밑간을 한다.
3 미역을 체에 받쳐 물기를 뺀다.
4 냄비에 기름 없이 소고기와 미역을 넣고 볶는다.
5 4에 물을 붓고 강불에서 끓이다가 물이 졸아들면 중불, 약불로 줄이며 약 30분간 끓인다.
   국간장으로 간하고 부족한 간은 소금으로 맞춰요.

recipe

ingredient
마른 미역 20g,
국거리용 소고기 100g,
국간장 1큰술, 물 4컵

밑간 | 간장 1작은술,
참기름 1작은술,
다진 마늘 1작은술

mom's note
• 마지막에 들깻가루를 듬뿍 넣어도 좋아요.

아이가 좋아하는 채소달걀말이

recipe

1. 달걀은 알끈을 제거하고 당근, 양파, 파는 잘게 다진다.
2. 달걀을 곱게 푼 다음 당근, 양파, 파, 소금을 넣어 젓는다.
3. 팬에 기름을 살짝 두르고 달걀물을 반만 붓는다.
   약불에서 조리해요.
4. 숟가락과 뒤집개로 팬의 왼쪽부터 촘촘하게 말면서 오른쪽으로 보낸다.
5. 남은 달걀물을 붓는다.
6. 달걀이 익기 시작하면 오른쪽에서 왼쪽으로 다시 촘촘하게 만다.
   예쁘게 잘라 접시에 담아요.

ingredient

달걀 3개, 당근 한 줌,
양파 한 줌, 파 한 줌,
소금 1/2작은술, 식용유

mom's note

- 채소 없이 우유 2큰술만 넣고 말면 식감이 부드러워서 어린 아기들이 먹기 좋습니다.

알록달록 파프리카스틱

| recipe |

1. 파프리카를 깨끗하게 씻는다.
2. 세로로 먹기 좋게 썬다.
   색깔별로 다양하게 준비하면 보기에도 좋아요.

| ingredient |

색깔별 파프리카

 mom's note

- 파프리카는 가로로 썩는 것보다 세로로 길게 쓰는 것이 영양소 파괴를 최소화합니다.

Dinner 07

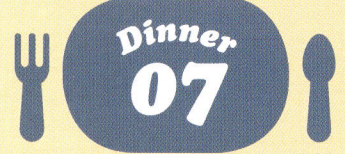

아이의 성장 발육을 돕는 저녁 식판

쌀밥 / 아욱국 / 부추두부달걀찜 / 버섯조림

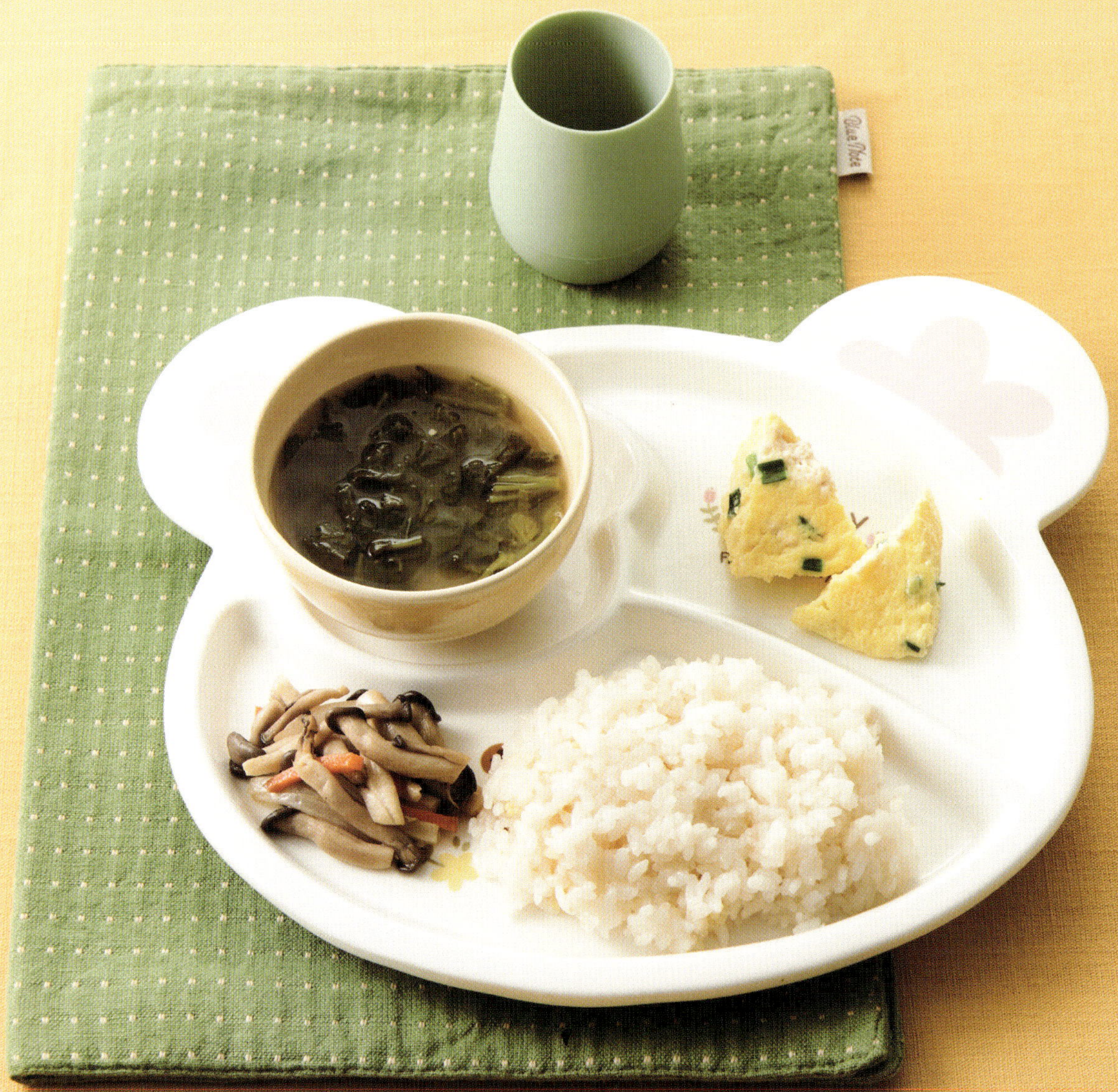

아욱은 단백질, 칼슘, 무기질 등 아이의 성장 발육을 촉진시키는 성분을 많이 함유하고 있어요. 아욱국을 끓여 온 가족이 건강하고 맛있게 즐길 수 있는 식단을 준비해보아요. 쌀밥 짓기는 p.33을 참고해요.

영양이 풍부한 아욱국

recipe

ingredient

아욱 150g,
된장 1큰술, 대파 조금,
멸치다시마육수 3컵

1. 아욱은 깨끗이 씻은 뒤 줄기 끝을 꺾으면서 억센 겉면을 벗긴다.
2. 아욱을 물에 담가 조물조물 씻고 물기를 뺀 뒤 먹기 좋게 썬다.
  아욱을 씻다가 초록 물이 나오면 헹궈요.
3. 냄비에 멸치다시마육수를 붓고 아욱을 넣어 끓인다.
  멸치다시마육수 만들기는 p.24를 참고해요.
4. 3에 된장을 푼다.
5. 4에 송송 썬 대파를 넣고 팔팔 끓인다.

두부가 들어가 더욱 담백한 부추두부달걀찜

recipe

1. 두부는 체에 밭쳐 곱게 으깨고 달걀과 우유를 준비한다.
2. 뚝배기에 두부, 달걀, 우유, 소금, 물을 넣고 젓는다.
3. 2에 부추를 잘게 다져 넣는다.
4. 뚜껑을 닫고 약불에서 천천히 익힌다.
   김이 밖으로 나오면 뚜껑을 열고 열십자 모양으로 가른 뒤 다시 뚜껑을 닫고 2~3분 익혀요.
5. 달걀이 부풀어 오르면 불을 끄고 뚜껑을 닫아 잔열로 익힌다.

ingredient

두부 1/4모, 달걀 2개,
우유 3큰술, 소금 1/2작은술,
물 1/2컵, 부추 한 줌

mom's note

- 뚝배기로 하는 달걀찜은 가운데가 조금 덜 익은 상태에서 뚜껑을 닫고 잔열로 익혀야 부드러워집니다.

달콤해서 아이 입맛에 딱! 버섯조림

recipe

1. 버섯, 양파, 당근은 먹기 좋게 썬다.
2. 팬에 기름 없이 1을 넣고 볶는다.
   버섯은 수분이 많으므로 기름을 두르지 않아요.
3. 간장과 참기름을 넣고 볶다가 버섯이 살짝 잠길 정도로 물을 붓는다.
4. 뚜껑을 닫고 조린다.

ingredient

버섯 1컵, 양파 조금,
당근 조금, 간장 1작은술,
참기름 1작은술

Dinner 08

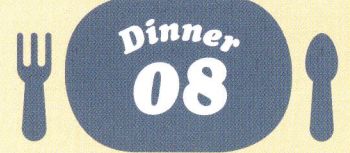

소고기가 색다르게 변신한 저녁 식판

현미밥 / 북엇국 / 떡갈비 / 양배추무침

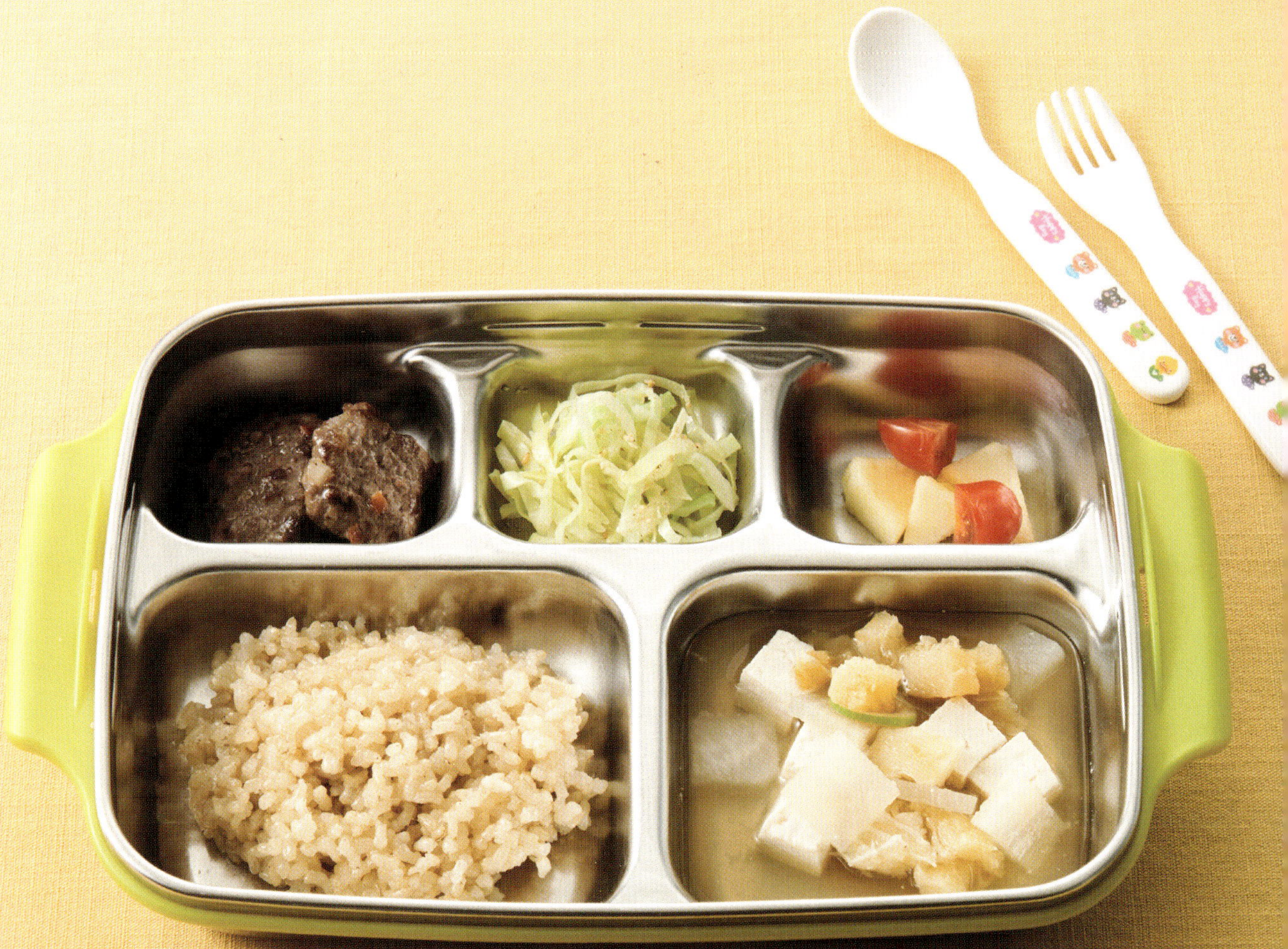

소고기를 색다르게 먹을 수 있는 떡갈비를 만들어보아요. 밀가루는 넣지 않고 오로지 고기로만 만든 떡갈비예요. 반죽을 소분하여 냉동 보관하면 언제든 쉽게 구워줄 수 있는 든든한 아이 반찬이 된답니다. 현미밥 짓기는 p.36을 참고해요.

시원한 맛이 일품! 북엇국

recipe

ingredient

북어 25g, 무 100g,
두부 1/4모, 대파 한 줌,
참기름 1큰술,
다진 마늘 1/2큰술,
국간장 1큰술,
멸치다시마육수 4컵

1. 북어는 물로 헹군 뒤 물기를 짜고 2cm 크기로 썬다.
2. 무는 얄팍썰기 한다.
3. 두부는 가로, 세로 1cm 정도로 깍둑썰기하고 대파는 송송 썬다.
4. 냄비에 참기름과 북어를 넣고 볶다가 무를 넣고 함께 볶는다.
5. 멸치다시마육수를 붓고 약 30분간 끓인다.
   멸치다시마육수 만들기는 p.24를 참고해요.
   처음에 강불로 끓이다가 점점 약불로 줄여서 끓여요.
6. 국물이 뽀얗게 우러나면 두부, 대파, 다진 마늘, 국간장을 넣고 한소끔 끓인다.
   부족한 간은 소금으로 맞춰요.

식감이 부드러운 떡갈비

recipe

1. 대파, 양파, 당근은 잘게 다진다.
   채소를 잘게 다져야 고기가 잘 뭉쳐져요.
2. 소고기와 돼지고기는 핏물을 빼고 볼에 담아 다진 채소와 양념을 넣고 섞는다.
3. 2를 손으로 치대면서 골고루 섞어 반죽을 동그랗게 만든다.
   많이 치댈수록 끈기가 생겨 연하고 차진 떡갈비가 돼요.
4. 3을 냉장고에 넣어 숙성시킨다.
5. 반죽을 얇고 동그랗게 만들어 종이포일이나 랩 위에 준비한다.
   반죽이 얇아야 익히기 쉬워요.
6. 팬에 기름을 두르고 반죽을 넣어 약불에서 굽는다.

ingredient

다진 소고기 200g,
다진 돼지고기 100g,
다진 채소(대파, 양파,
당근) 1/2컵, 식용유

양념 | 간장 1큰술,
설탕(올리고당) 1/2큰술,
매실진액 1큰술,
마늘 1/2작은술,
깨소금 조금

mom's note

- 반죽을 소분하여 냉동 보관하면 언제든 간편하게 구워 먹을 수 있습니다.

아삭하고 향긋한 양배추무침

1 양배추를 가늘게 채썬다.
2 끓는 물에 약 1분간 데친 뒤 물기를 꼭 짠다.
3 양념을 넣고 조물조물 무친다.

recipe

ingredient

양배추 40g

양념 | 식초 1작은술,
설탕 1작은술,
들기름 1작은술,
깨소금 조금

향긋함이 더해진 저녁 식판

쌀밥 / 사과파래무침 / 돼지고기청경채볶음

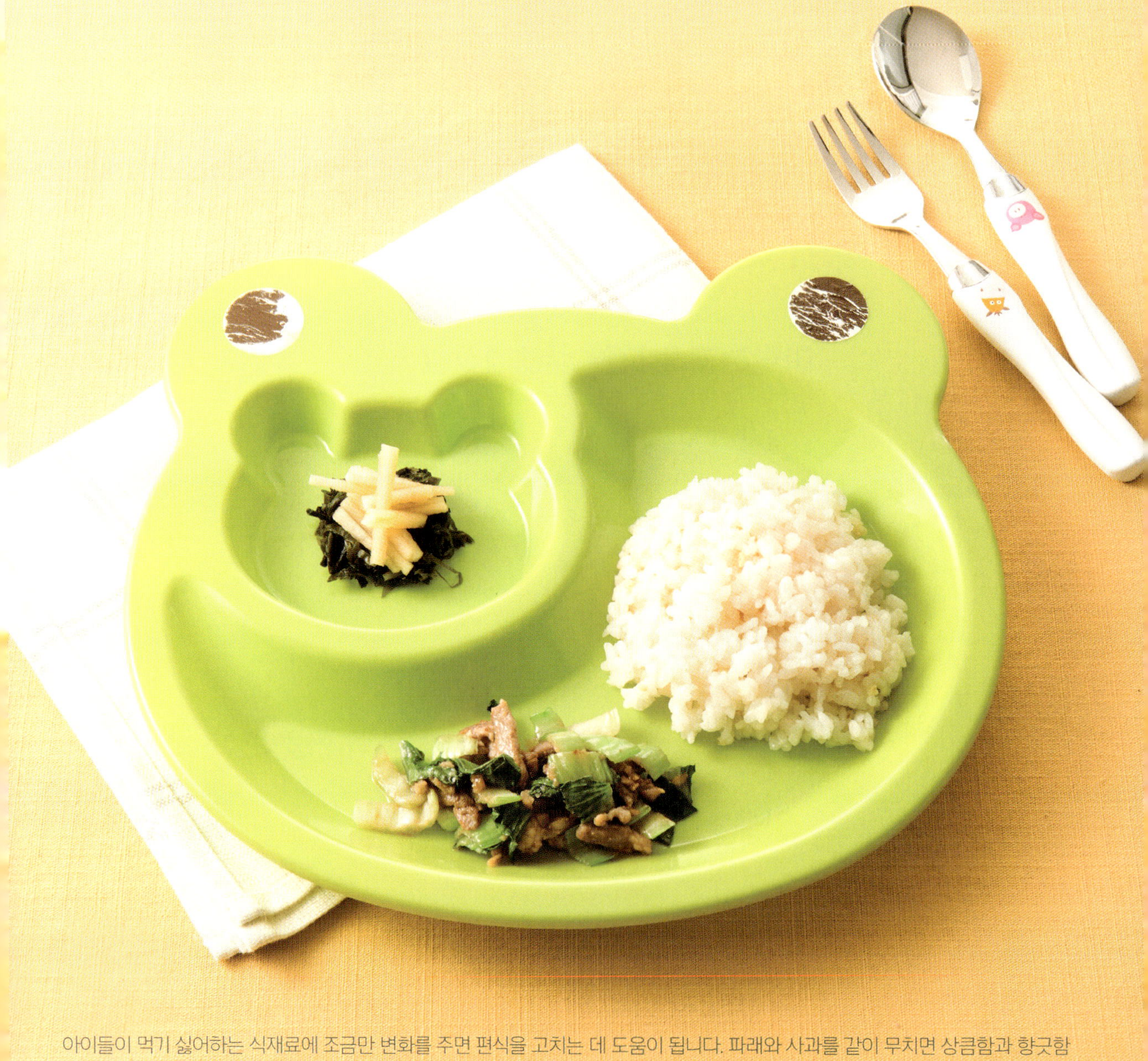

아이들이 먹기 싫어하는 식재료에 조금만 변화를 주면 편식을 고치는 데 도움이 됩니다. 파래와 사과를 같이 무치면 상큼함과 향긋함이 더욱 풍부해져요. 청경채를 돼지고기와 함께 볶아 거부감 없이 먹을 수 있도록 해주세요. 쌀밥 짓기는 p.33을 참고해요.

상큼함이 더해진 사과파래무침

1. 파래는 물에 담가 살살 흔들어 헹군다.
2. 체에 밭쳐 물기를 꼭 짠 뒤 2cm 크기로 썬다.
3. 볼에 파래와 양념을 넣고 무친다.
4. 채썬 사과를 올리고 가볍게 버무린다.

recipe

ingredient

파래 100g,
채썬 사과 한 줌

양념 | 국간장 1/2큰술,
식초 1/2큰술, 설탕 1/2큰술,
매실진액 1/2큰술,
깨소금 조금

편식 잡는 돼지고기청경채볶음

1. 돼지고기는 2cm 길이로 썬다.
2. 청경채는 깨끗하게 씻어 가늘게 썬다.
3. 팬에 기름을 두르고 다진 마늘을 넣어 볶다가 돼지고기와 간장, 올리고당을 넣고 볶는다.
4. 청경채를 넣고 가볍게 볶아준다.

recipe

ingredient

잡채용 돼지고기 40g,
청경채 1줄기, 간장 1작은술,
올리고당 1작은술,
다진 마늘 1작은술,
식용유

mom's note

- 아직 씹는 게 힘든 어린아이들은 잡채용 돼지고기 대신 돼지고기 다짐육을 사용하고, 청경채는 줄기는 제거하고 이파리만 사용하면 먹기 좋습니다.

Dinner 10

감칠맛을 높인 저녁 식판

쌀밥 / 어묵숙주피망볶음 / 깻잎조기조림

숙주와 피망은 특유의 향 때문에 싫어하는 아이들이 많아요. 하지만 어묵과 함께 볶으면 감칠맛이 좋아져서 식욕을 돋운답니다. 조기조림에 깻잎을 넣으면 향도 상큼하고 비린 맛도 잡아줍니다. 쌀밥 짓기는 p.33을 참고해요.

씹는 맛이 살아 있는 어묵숙주피망볶음

1. 어묵과 피망은 0.5cm 두께로 채썰고 숙주는 깨끗이 씻는다.
2. 팬에 기름을 두르고 **1**을 넣어 빠르게 볶는다.

recipe

ingredient
얇은 사각 어묵 1장,
숙주 한 줌, 피망 한 줌,
식용유

mom's note

- 강불에서 빠르게 볶아야 식감도 살고 물이 생기지 않습니다. 어묵은 뜨거운 물에 살짝 데쳤다가 사용하면 첨가물과 기름기를 제거하는 데 도움이 됩니다.

recipe

깻잎으로 향긋하게! 깻잎조기조림

ingredient

조기 1마리, 채썬 양파 한 줌,
깻잎 5장, 물 1컵

양념| 간장 1큰술,
다진 파 1/2큰술,
다진 마늘 1/2큰술,
설탕 1/2큰술,
참기름 1/2큰술

1 조기는 깨끗이 씻어 손질한다.
　 지느러미와 꼬리를 가위로 깔끔하게 잘라내요.
2 냄비 바닥에 양파를 깔고 조기를 넣는다.
3 물과 양념을 넣고 강불에서 끓이다가 약불에서 20분간 조린다.
　 숟가락으로 국물을 떠서 조기 위에 끼얹어주면서 졸여요.
4 조기가 익으면 깻잎을 1cm 두께로 썰어서 올린다.
5 뚜껑을 닫고 약불에서 5분 정도 익힌다.

Dinner 11

구수한 향이 가득한 저녁 식판

검은쌀밥 / 달래청국장찌개 / 고등어카레구이 / 달걀호박볶음

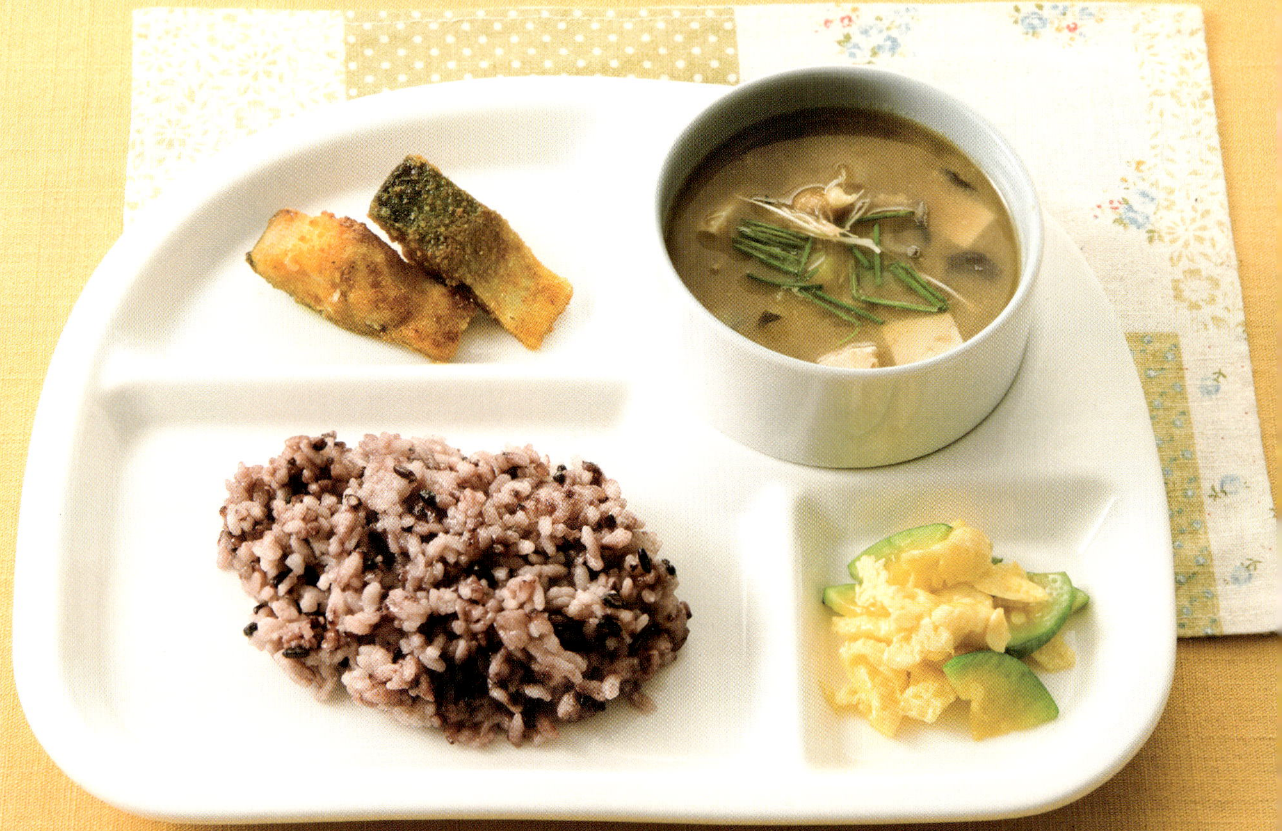

엄마, 아빠도 좋아하는 메뉴로 꾸민 식판식이에요. 청국장에 달래를 넣으면 구수함과 향긋함이 더욱 풍부해져요. 늘 먹는 고등어구이에 카레를 묻혀서 구우면 색다른 반찬이 된답니다. 검은쌀밥 짓기는 잡곡밥 짓기(p.34)를 참고해요.

향긋함을 더한 달래청국장찌개

1. 호박, 양파, 버섯, 두부는 사방 1cm 크기로 깍둑썰기한다.
2. 달래는 깨끗이 씻은 뒤 1cm 길이로 썬다.
3. 냄비에 멸치다시마육수를 붓고 청국장과 된장을 넣어 끓인다.
   멸치다시마육수 만들기는 p.24를 참고해요.
4. 3에 호박, 양파, 버섯을 넣고 끓이다가 팔팔 끓으면 두부를 넣고 한소끔 더 끓인다.
5. 불을 끄고 달래를 넣는다.

recipe

ingredient

청국장 100g, 된장 2큰술,
호박 한 줌, 양파 한 줌,
버섯 한 줌, 두부 1/4모,
달래 한 줌,
멸치다시마육수 3컵

색다른 변신! 고등어카레구이

1 밀가루와 카레가루를 섞은 뒤 고등어에 앞뒤로 꼼꼼히 묻힌다.
2 팬에 기름을 두르고 고등어를 올려 노릇노릇하게 굽는다.

recipe

ingredient
고등어 1/2마리,
밀가루 2큰술,
카레가루 2큰술, 식용유

recipe

ingredient

애호박 1/3개, 달걀 1개, 소금 조금, 식용유

부드러운 달걀호박볶음

1. 애호박은 얇게 부채꼴썰기한다.
2. 팬에 기름을 두르고 애호박을 넣어 볶다가 익으면 한쪽으로 밀어둔다.
3. 팬의 빈 곳에 달걀을 풀고 소금간을 한다.
4. 밀어둔 애호박과 달걀을 함께 볶는다.

Dinner 12

구수한 소고기무국으로 차린 저녁 식판

완두콩밥 / 소고기무국 / 당근전 / 쑥갓두부무침

맑게 끓인 소고기무국은 아이부터 어른까지 모두의 입맛을 사로잡는답니다. 진한 고깃국물에 무가 어우러져 구수하면서 맛있는 영양국이에요. 여기에 아이가 잘 먹지 않는 쑥갓을 두부와 함께 무쳐 부드럽게 먹을 수 있도록 했어요. 완두콩밥 짓기는 검은콩밥 짓기(p.35)를 참고해요.

개운하고 영양 가득한 소고기무국

1 소고기는 핏물을 제거하고 밑간을 한다.
2 무는 얄팍썰기한다.
3 냄비에 소고기를 넣고 기름 없이 살짝 볶는다.
4 **3**에 무를 넣고 함께 볶는다.
5 물을 붓고 강불에서 끓이다 중불, 약불로 줄이며 약 30분간 끓인다.
중간중간 거품을 걷어주세요.
6 송송 썬 대파와 국간장, 다진 마늘을 넣고 간을 맞춘다.
부족한 간은 소금으로 맞춰요.

recipe

ingredient

국거리용 소고기 100g,
무 100g, 대파 조금,
다진 마늘 1작은술,
국간장 1큰술, 물 3과1/2컵

밑간 | 다진 마늘 1작은술,
참기름 1작은술,
국간장 1작은술

예뻐서 더 좋은 당근전

1. 당근은 채칼로 채썬다.
2. 볼에 당근을 넣고 밀가루와 소금을 넣어 버무린다.
3. 팬에 기름을 두르고 **2**를 한 숟가락씩 떠서 얇게 부친다.

recipe

ingredient

당근 1/3개, 밀가루 2큰술,
소금 조금, 식용유

향긋하고 부드러운 쑥갓두부무침

recipe

1. 쑥갓은 깨끗이 씻어 다듬고, 두부를 준비한다.
2. 끓는 물에 두부를 살짝 데친 뒤 체에 밭쳐 으깬다.
3. 끓는 물에 쑥갓을 살짝 데친 뒤 물기를 빼고 잘게 썬다.
4. 볼에 쑥갓, 으깬 두부, 참기름, 깨소금, 소금을 넣어 무친다.

ingredient

쑥갓 한 줌, 두부 1/4모,
참기름 1작은술, 깨소금 조금,
소금 조금

mom's note

- 쑥갓 특유의 향 때문에 아이들이 먹기를 거부하는 경우가 있습니다. 이럴 때는 부드러운 두부와 함께 무쳐주면 아이가 먹기 편합니다. 아이가 쑥갓을 잘 못 먹는다면 두부의 양을 늘려줍니다.

PART 05

한 그릇에
맛과 영양이 듬뿍

손쉬운
일품요리
식판식

One-dish 01

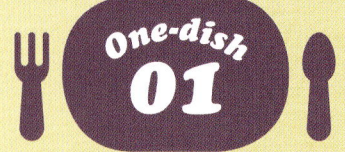

예뻐서 더 손이 가는 일품요리 식판

소고기채소주먹밥

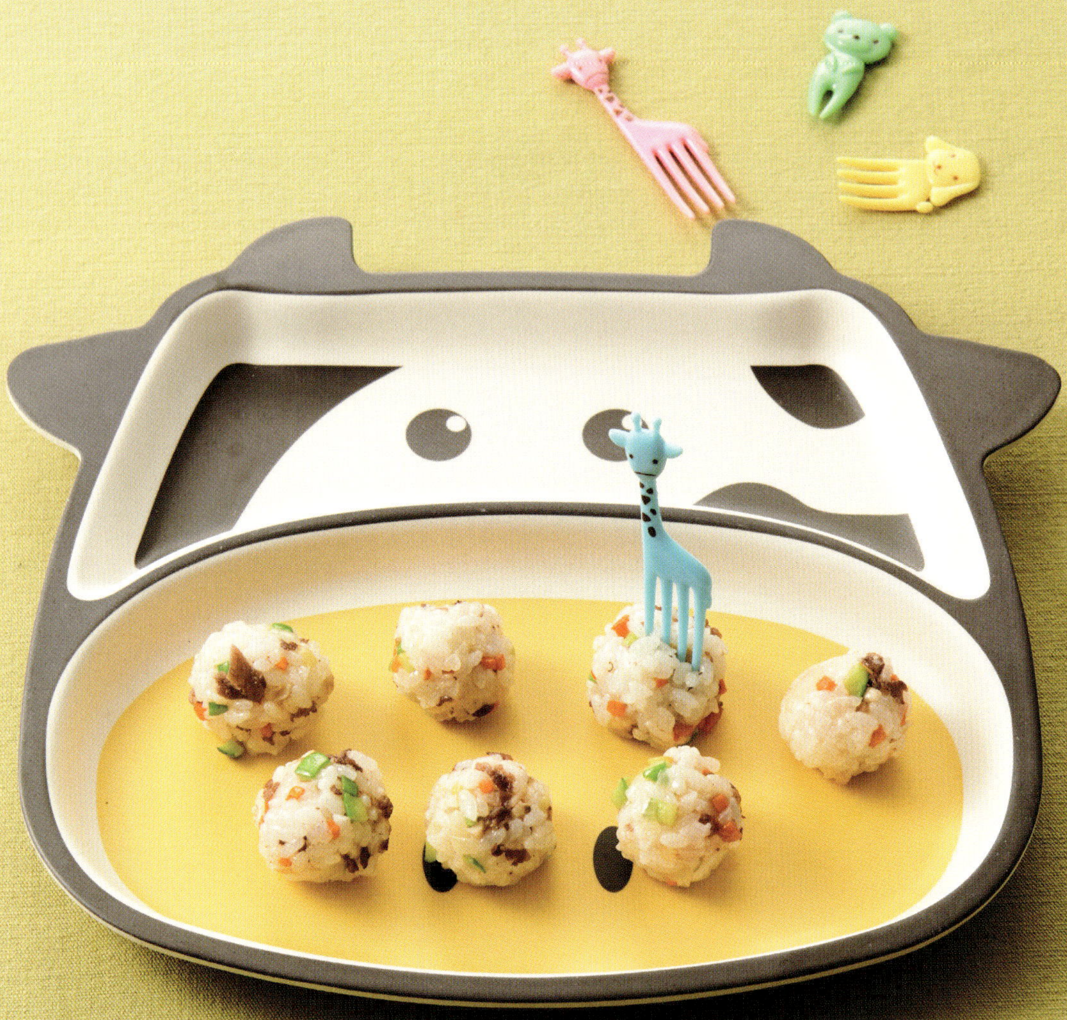

주먹밥은 간단하면서도 여러 가지 재료를 골고루 먹일 수 있어 좋은 메뉴예요. 아이가 핑거푸드를 시작할 때나 소풍 도시락을 준비할 때도 최고죠. 소고기와 갖은 채소를 듬뿍 넣어 먹기 좋은 크기로 뭉쳐주면 맛과 영양이 일품인 주먹밥이 완성돼요. 동글동글 예쁘게 만들 수 있는 팁도 소개합니다.

동글동글 귀여운 소고기채소주먹밥

recipe

ingredient
다진 소고기 40g,
다진 채소(호박, 당근,
버섯, 양파 등) 1/2컵,
아기밥 1공기

밑간|간장 1작은술,
참기름 1작은술

1. 소고기는 핏물을 빼고 밑간을 한다.
2. 팬에 기름 없이 소고기를 넣고 가볍게 볶는다.
3. **2**에 다진 채소를 넣고 함께 볶는다.
4. **3**을 밥 위에 얹고 섞는다.
5. 밥을 한 숟가락씩 떠서 랩에 올리고 동글동글 만다.
   예쁜 픽을 꽂아서 접시에 담아요.

mom's note

- 주먹밥을 약하게 말면 쉽게 풀어지고 과하게 힘을 주면 떡처럼 뭉치니 적당한 힘 조절이 필요합니다.

One-dish 02

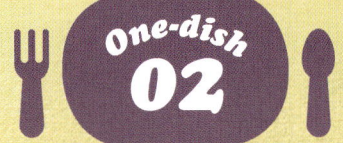

새우의 향이 풍부한 일품요리 식판

건새우주먹밥

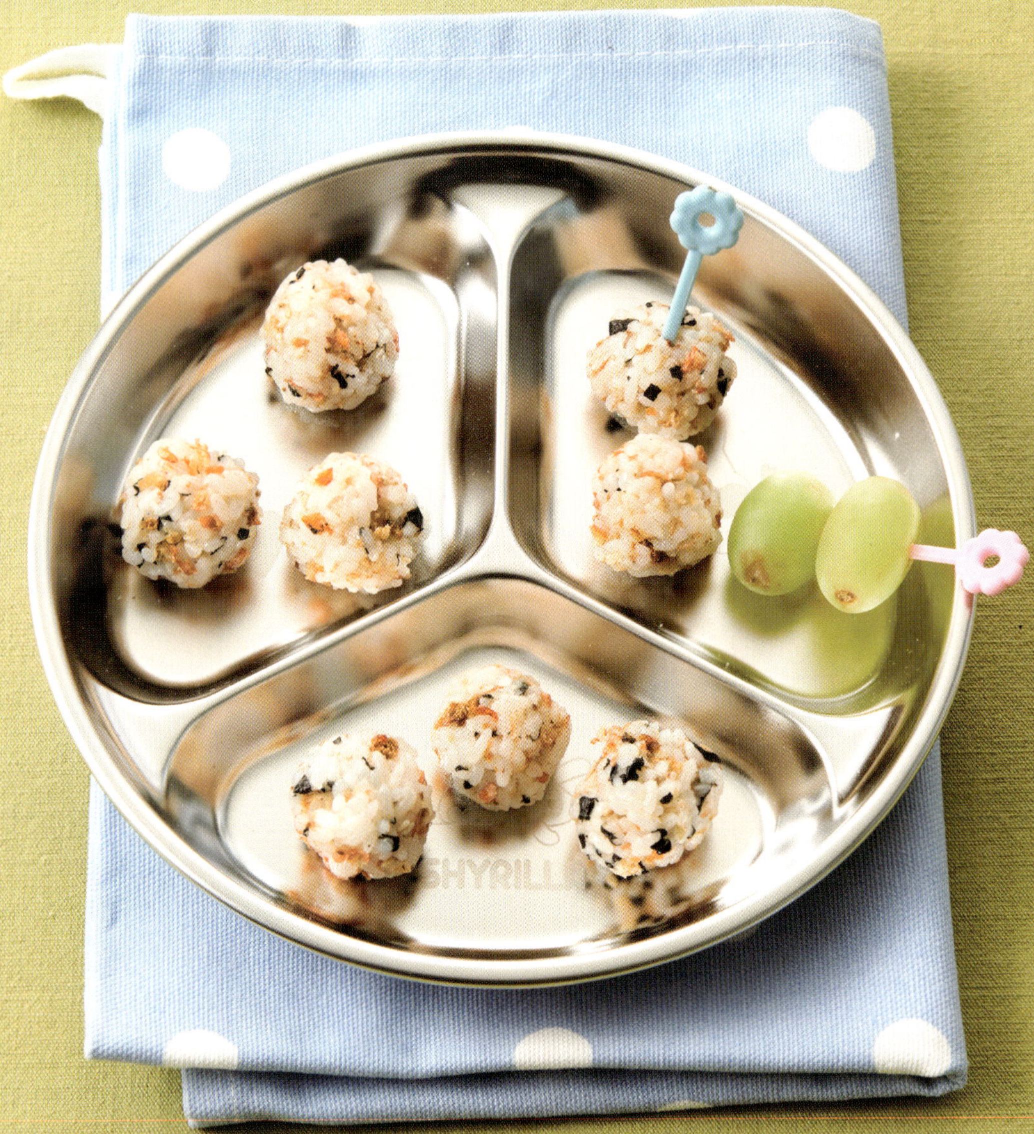

새우의 향을 듬뿍 담아 동글동글 주먹밥을 만들어요. 잘게 빻아서 주먹밥 곳곳에 스며든 건새우의 감칠맛 덕분에 아이 손이 자꾸만 주먹밥으로 갈 거예요.

자꾸만 손이 가는 건새우주먹밥

1. 팬에 기름을 살짝 두르고 건새우를 넣어 볶는다.
2. 볶은 건새우를 믹서나 절구를 이용해 빻는다.
3. 볼에 **2**와 밥, 양념을 넣고 섞은 뒤 한입 크기로 동그랗게 만다.

recipe

ingredient

건새우 1/2컵, 식용유, 아기밥 1공기

양념 | 참기름 1큰술, 매실진액 1작은술, 김가루 1큰술, 깨소금 조금

작지만 속은 알찬 일품요리 식판

꼬마김밥

김밥을 처음 도전하는 엄마들은 막막한 생각부터 드는 게 사실이에요. 그래도 아이가 먹을 김밥은 내 손으로 직접 싸주고 싶은 게 엄마 마음이죠. 작고 귀여운 꼬마김밥은 만들기 간단하고 보기에도 예뻐서 엄마와 아이 모두가 좋아하는 메뉴랍니다.

귀엽고 맛있는 꼬마김밥

recipe

ingredient
아기밥 1공기,
참기름 2작은술,
김밥용 김 1장

속재료 | 시금치무침,
당근볶음, 달걀부침,
아기치즈 1/2장,
다진 소고기볶음 등

1. 김밥 속재료를 준비한다.
   시금치는 끓는 물에 데쳐 소금과 참기름을 넣어 무치고, 당근은 채썰어 볶고, 달걀은 넓게 부쳐 썰고, 소고기는 간장, 설탕, 참기름으로 밑간하고 볶아요.
2. 밥은 참기름을 넣고 섞는다.
3. 김은 반으로 잘라 김발 위에 놓고 그 위에 밥을 얇게 펴 올린다.
4. 속재료를 밥 위에 가지런히 올린다.
5. 4를 끝에서부터 누르며 말고 먹기 좋게 썬다.

mom's note

- 김밥 속재료로 잔멸치볶음, 다진 김치, 우엉조림, 오이 등도 좋습니다. 한 번에 많은 재료를 넣으면 쉽게 풀어지니 속재료가 너무 많지 않도록 합니다.

One-dish 04

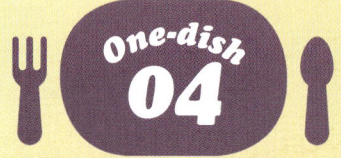

초간단 초스피드에 영양도 풍부한 일품요리 식판

달걀덮밥

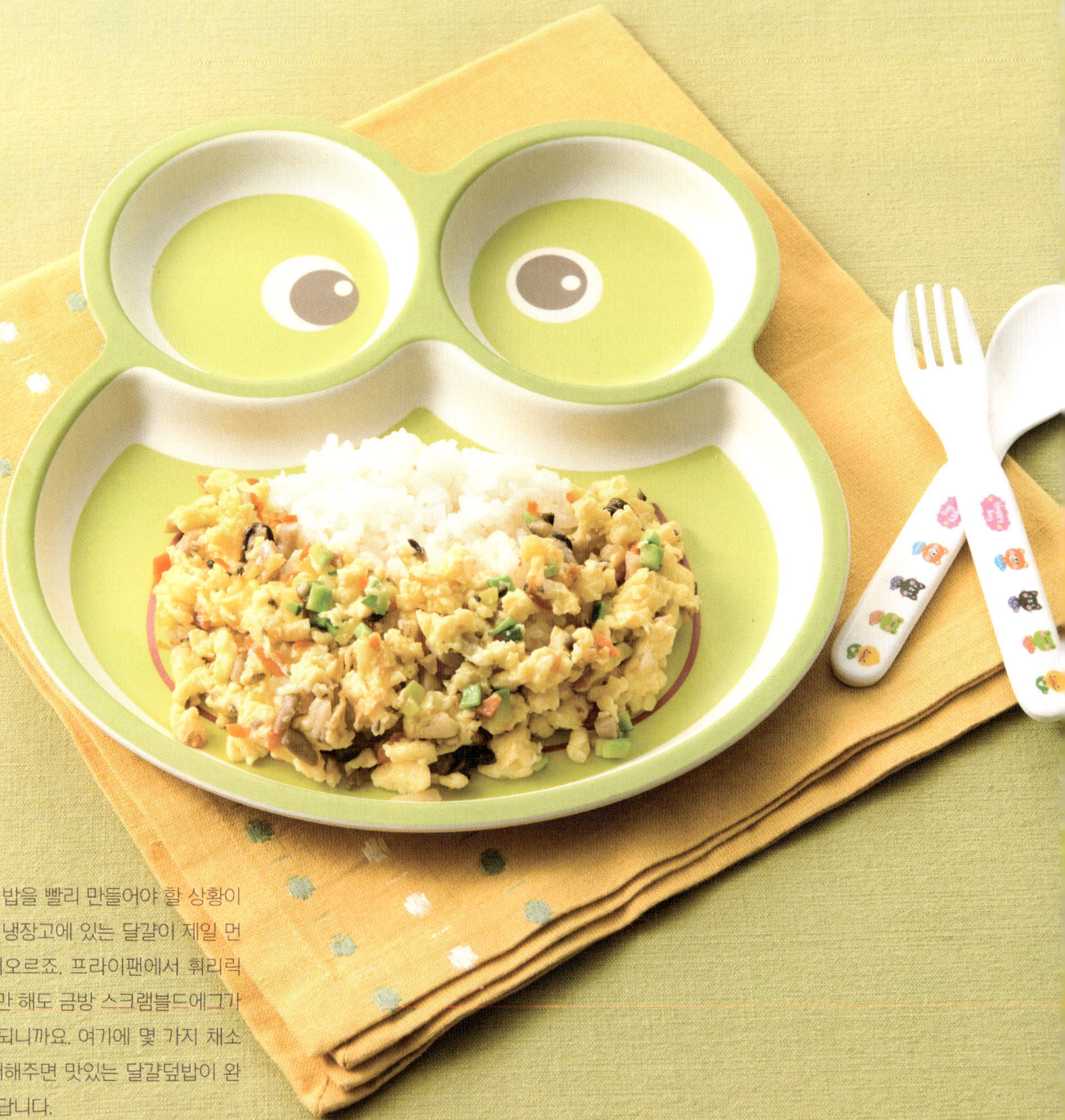

아이 밥을 빨리 만들어야 할 상황이 되면 냉장고에 있는 달걀이 제일 먼저 떠오르죠. 프라이팬에서 휘리릭 젓기만 해도 금방 스크램블드에그가 완성되니까요. 여기에 몇 가지 채소만 더해주면 맛있는 달걀덮밥이 완성된답니다.

빠르게 맛있게 달걀덮밥

recipe

1 달걀을 풀고 우유와 소금을 넣어 젓는다.
2 당근, 호박, 버섯은 잘게 다진다.
3 달군 팬에 기름을 살짝 두르고 **2**를 넣어 볶는다.
4 달걀물을 넣는다.
5 조리용 젓가락으로 **4**를 부드럽게 젓는다.
달걀이 익기 전에 물을 넣어 섞고 다 익으면 밥 위에 얹어요.

ingredient

달걀 1개, 우유 2큰술,
소금 조금, 당근 한 줌,
호박 한 줌, 버섯 한 줌,
식용유, 물 2큰술,
아기밥 1공기

One-dish 05

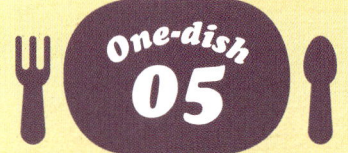

맵지 않은 마파두부덮밥을 담은 일품요리 식판

마파두부덮밥

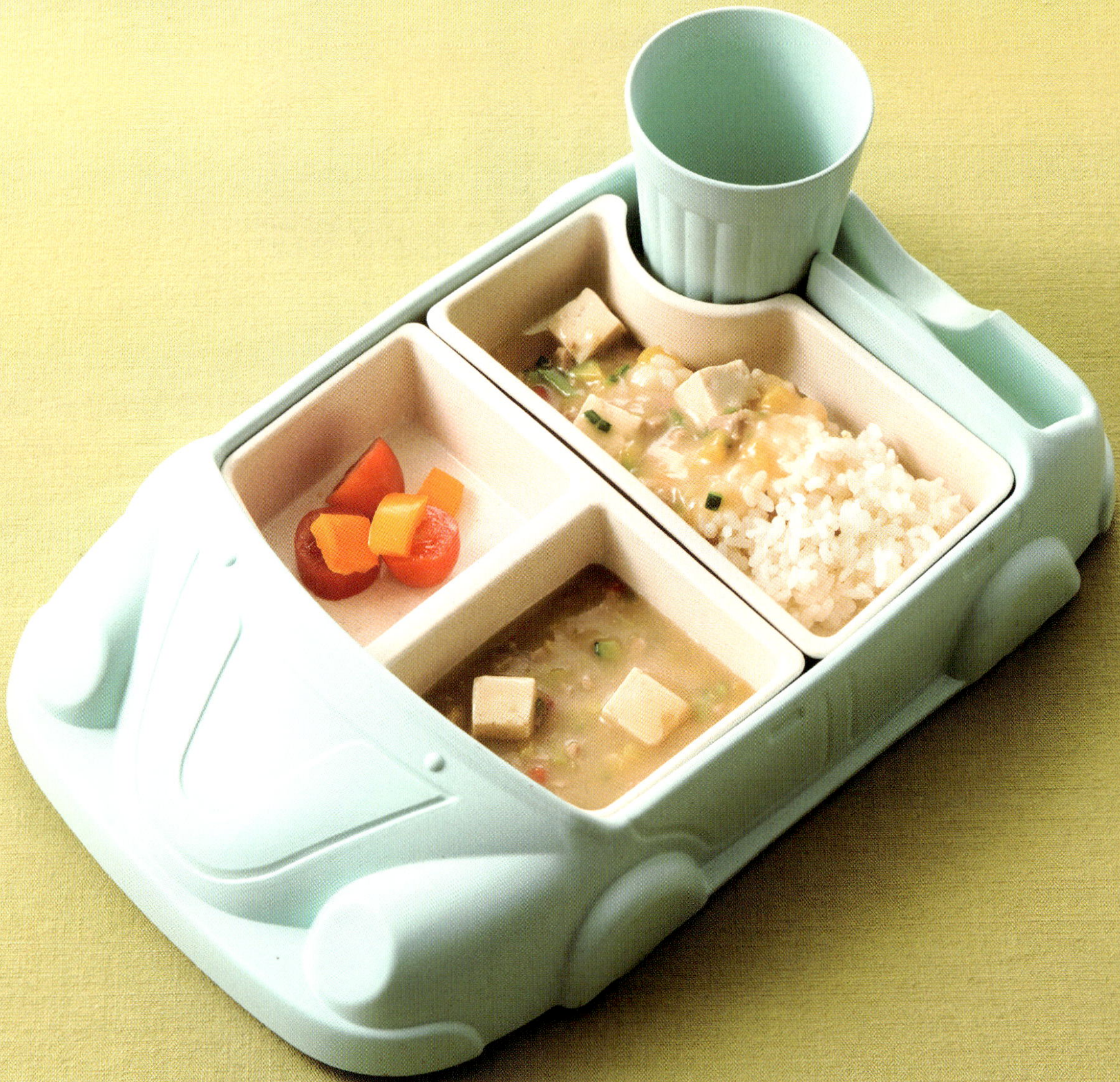

돼지고기와 두부, 채소를 함께 넣어 만든 마파두부덮밥은 영양 가득한 메뉴지만 아이에게는 너무 맵지요. 아이 입맛에 맞게 만든 하얀 마파두부덮밥은 매력 만점 간편 식단이랍니다.

아이를 위한 하얀 마파두부덮밥

recipe

ingredient

다진 돼지고기 40g,
두부 1/4모,
다진 채소(호박, 당근,
파프리카 등) 1/3컵,
멸치다시마육수 1/2컵,
아기밥 1공기

소스 | 된장 1작은술,
간장 1작은술, 물 2큰술

녹말물 | 녹말가루 1작은술,
물 2큰술

1. 다진 돼지고기를 준비하고, 두부는 가로, 세로 1cm 정도로 깍둑썰기한다.
2. 소스를 만든다.
3. 팬에 기름 없이 돼지고기를 넣고 볶는다.
4. 3에 다진 채소를 넣고 볶다가 두부를 넣는다.
5. 4에 멸치다시마육수와 소스를 넣는다.
   멸치다시마육수 만들기는 p.24를 참고해요.
6. 녹말물을 넣고 국물이 걸쭉해질 때까지 젓는다.
   잘 섞은 다음 밥 위에 얹어요.

One-dish 06

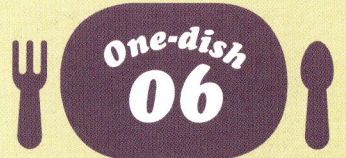

연어와 채소가 어우러진 일품요리 식판

연어볶음밥

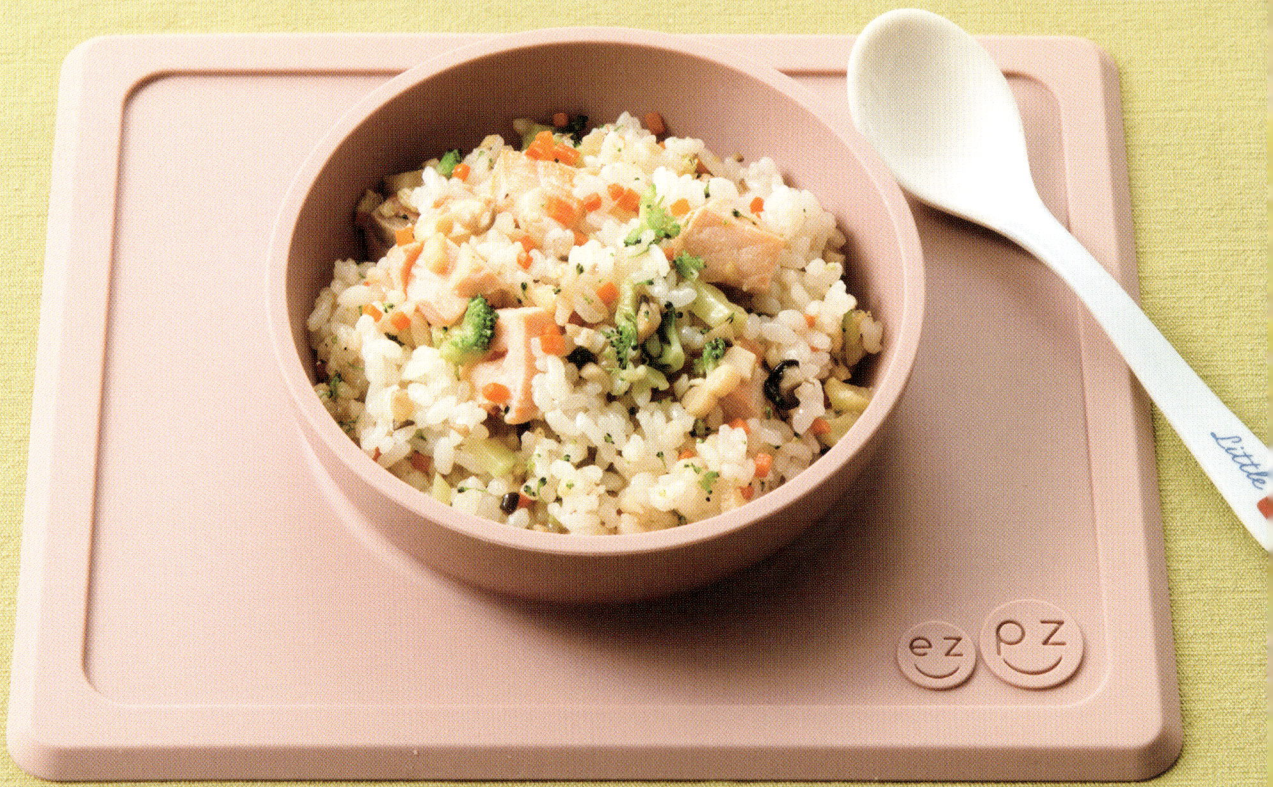

간단하게 만들 수 있는 최고의 일품요리는 뭐니 뭐니 해도 볶음밥이죠. 만들기 간단하고 넣는 재료에 따라서 맛과 영양을 다양하게 즐길 수 있어요. 아이들에게 좋은 영양이 가득한 연어와 채소를 넣고 색다른 볶음밥을 만들어보아요.

볶음밥을 색다르게 연어볶음밥

recipe

1. 연어를 가로, 세로 1.5cm 정도로 깍둑썰기한다.
   연어살은 부서지기 쉬우니 조금 큼직하게 써는 게 좋아요.
2. 브로콜리, 당근, 버섯은 잘게 다진다.
3. 팬에 기름을 두르고 닦아낸 뒤 연어를 넣고 익힌다.
4. 3에 다진 채소를 넣고 연어살이 부서지지 않도록 살살 볶는다.
5. 밥을 넣고 볶다가 간장으로 간을 맞춘다.

ingredient

연어 40g, 브로콜리 한 줌,
당근 한 줌, 버섯 한 줌,
아기밥 1공기, 간장 1작은술,
식용유

mom's note

- 밥을 넣고 볶을 때 세게 저으면 연어살이 부서질 수 있습니다. 이때는 연어를 볶은 뒤 팬의 한쪽으로 몰아놓고 밥과 채소만 볶은 다음 연어를 섞으면 깔끔하게 만들 수 있습니다.

One-dish 07

칼슘, 단백질, 비타민이 풍부한 일품요리 식판

멸치닭가슴살주먹밥

멸치주먹밥에 삶은 닭가슴살을 다져 넣으니 맛은 물론 영양도 배가 되는 든든한 주먹밥이 완성됐어요. 김치를 아이가 먹기 좋게 물에 씻고 잘게 다져 함께 넣어도 좋아요. 아삭하면서도 담백하고 맛있는 멸치닭가슴살주먹밥이에요.

고소하고 담백한 멸치닭가슴살주먹밥

recipe

1. 볶은 멸치는 절구에 넣고 빻는다.
   멸치볶음 만드는 법은 p.47(견과류멸치볶음)을 참고해요.
2. 닭가슴살은 끓는 물에 삶아 잘게 다진다.
3. 멸치, 닭가슴살과 함께 김치를 잘게 다져 준비한다.
   김치는 물에 씻은 뒤 꼭 짜서 다져요.
4. 볼에 따뜻한 밥과 **3**을 넣고 참기름과 깨소금을 넣어 섞는다.
5. 밥을 한 숟가락씩 떠서 랩에 올리고 동글동글 만다.

ingredient

볶은 멸치 한 줌,
닭가슴살 40g,
김치 2~3조각,
아기밥 1공기,
참기름 1작은술,
깨소금 조금

One-dish 08

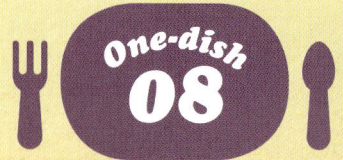

아이와 엄마, 아빠가 함께 즐기는 일품요리 식판

새우볶음밥

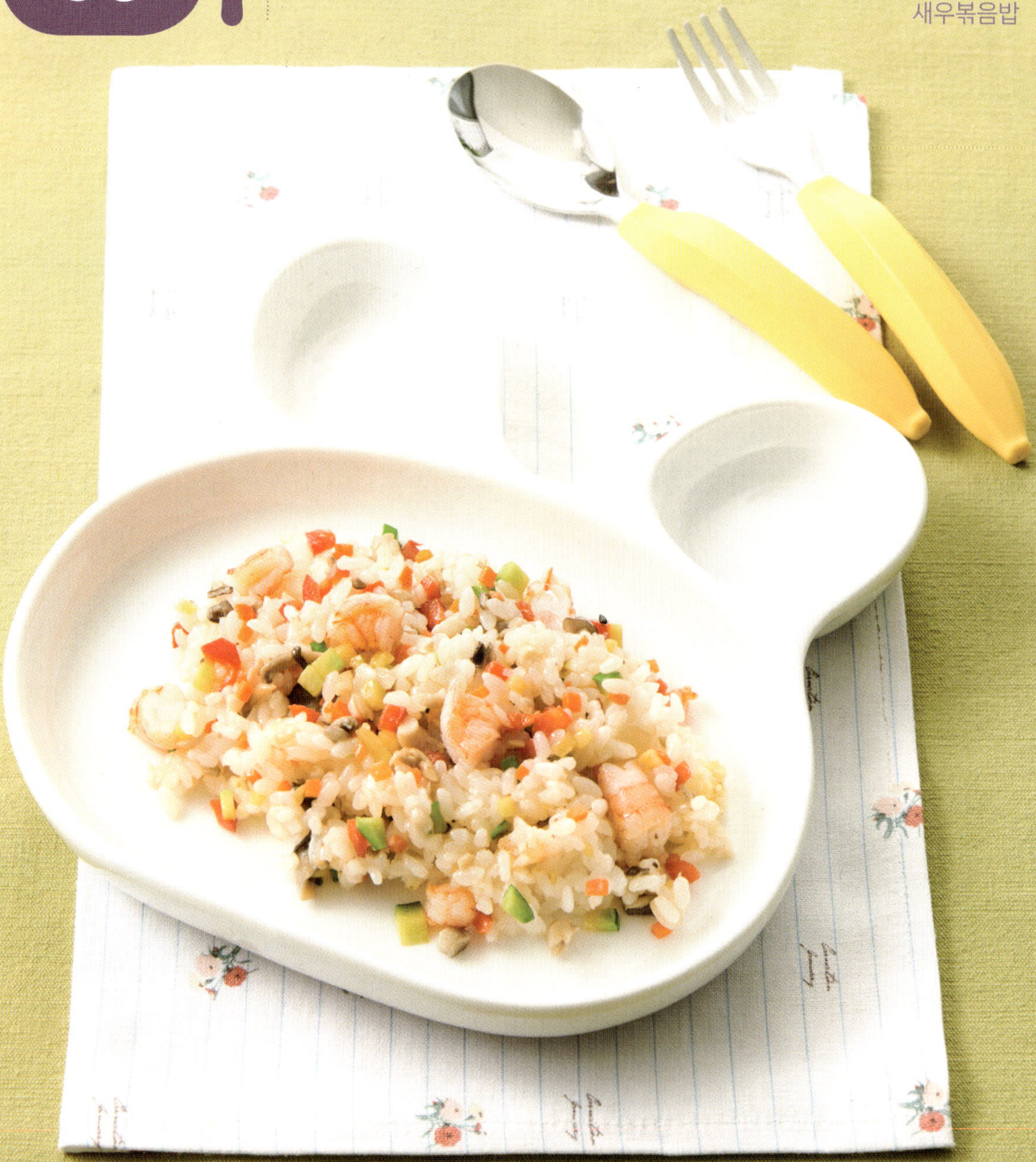

새우볶음밥은 아이와 엄마, 아빠가 다 함께 맛있게 먹기 좋은 메뉴예요. 대하를 큼직하게 썰어 볶으니 오동통한 새우살을 씹는 재미도 있어요.

오동통한 대하가 가득 새우볶음밥

recipe

ingredient

대하 3~4마리,
파프리카 한 줌, 당근 한 줌,
버섯 한 줌, 호박 한 줌,
식용유, 아기밥 1공기,
간장 1작은술

1. 대하는 깨끗이 씻어 껍질을 벗기고 내장과 물총을 제거한 다음 1cm 크기로 썬다.
2. 파프리카, 당근, 버섯, 호박은 잘게 다진다.
   채소 색의 조화를 맞추면 좋아요.
3. 팬에 기름을 살짝 두르고 **1**과 **2**를 넣어 볶는다.
   새우의 색이 하얗게 될 때까지 익혀요.
4. 밥을 넣어 볶고 간장으로 간을 맞춘다.

One-dish 09
밥, 소고기, 채소를 한 그릇에 담은 일품요리 식판

소고기밥전

소고기밥전은 밥, 소고기, 채소를 한 번에 먹을 수 있어 아이에게 영양 만점 한 끼 식사가 되어줍니다. 핑거푸드를 시작하는 아이에게도 좋아요.

영양이 가득한 소고기밥전

recipe

1. 소고기는 키친타월로 가볍게 눌러 핏물을 제거한다.
2. 볼에 밥, 소고기, 채소, 달걀, 소금, 밀가루를 넣는다.
3. **2**를 골고루 섞어 반죽을 만든다.
4. 팬에 기름을 두르고 한 숟가락씩 떠서 전을 부친다.

ingredient

다진 소고기 40g,
다진 채소(당근, 버섯, 호박,
파프리카 등) 1/2컵,
아기밥 2/3공기, 달걀 1개,
소금 조금, 밀가루 3큰술,
식용유

One-dish 10

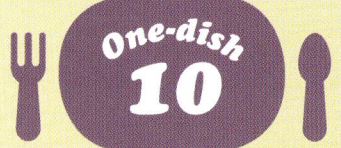

우리 아이 첫 국수를 담은 일품요리 식판

소고기볶음국수

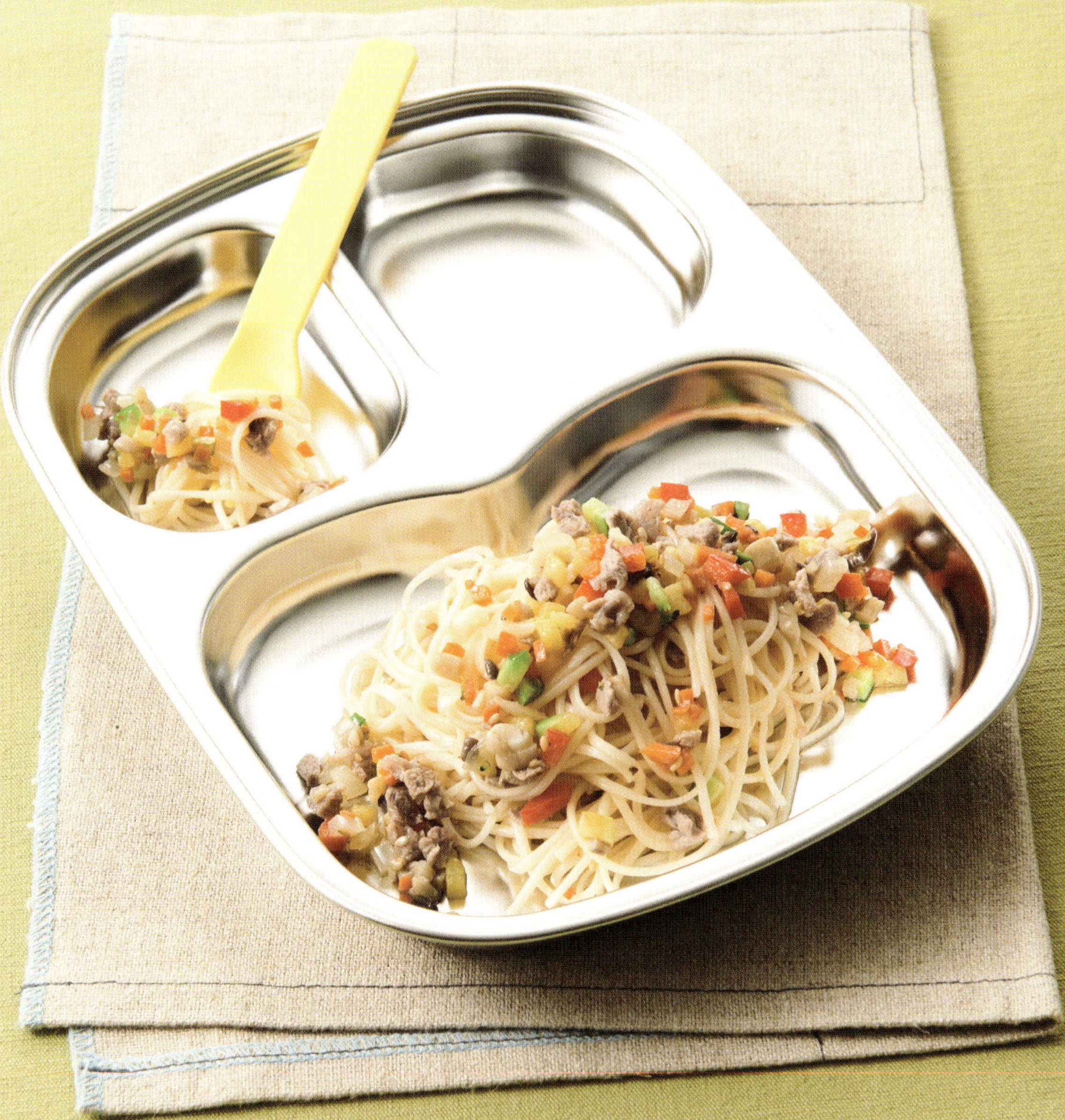

아이가 밥을 먹기 시작하면 슬슬 다양한 음식을 맛보고 싶어 하는 시기가 와요. 그럴 때 볶음국수를 만들어주면 새로운 음식에 대한 호기심을 충족시키기에 충분해요. 포크로 스스로 먹는 재미도 있답니다.

먹는 재미가 있는 소고기볶음국수

recipe

1. 국수는 끓는 물에 삶는다.
2. 국수가 익으면 건져내어 찬물에 헹군다.
3. 팬에 소고기와 채소를 넣고 볶다가 간장으로 간한다.
4. **3**에 국수를 넣고 볶다가 마지막에 참기름을 넣어 버무린다.

ingredient

국수 한 줌,
다진 채소(당근, 호박,
파프리카 등) 1/2컵,
다진 소고기 40g,
참기름 1/2큰술,
간장 1작은술

One-dish 11

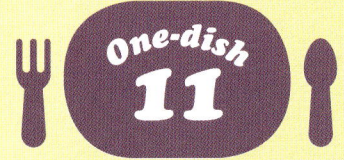

토마토와 달걀이 건강하게 만난 일품요리 식판

토마토달걀볶음밥

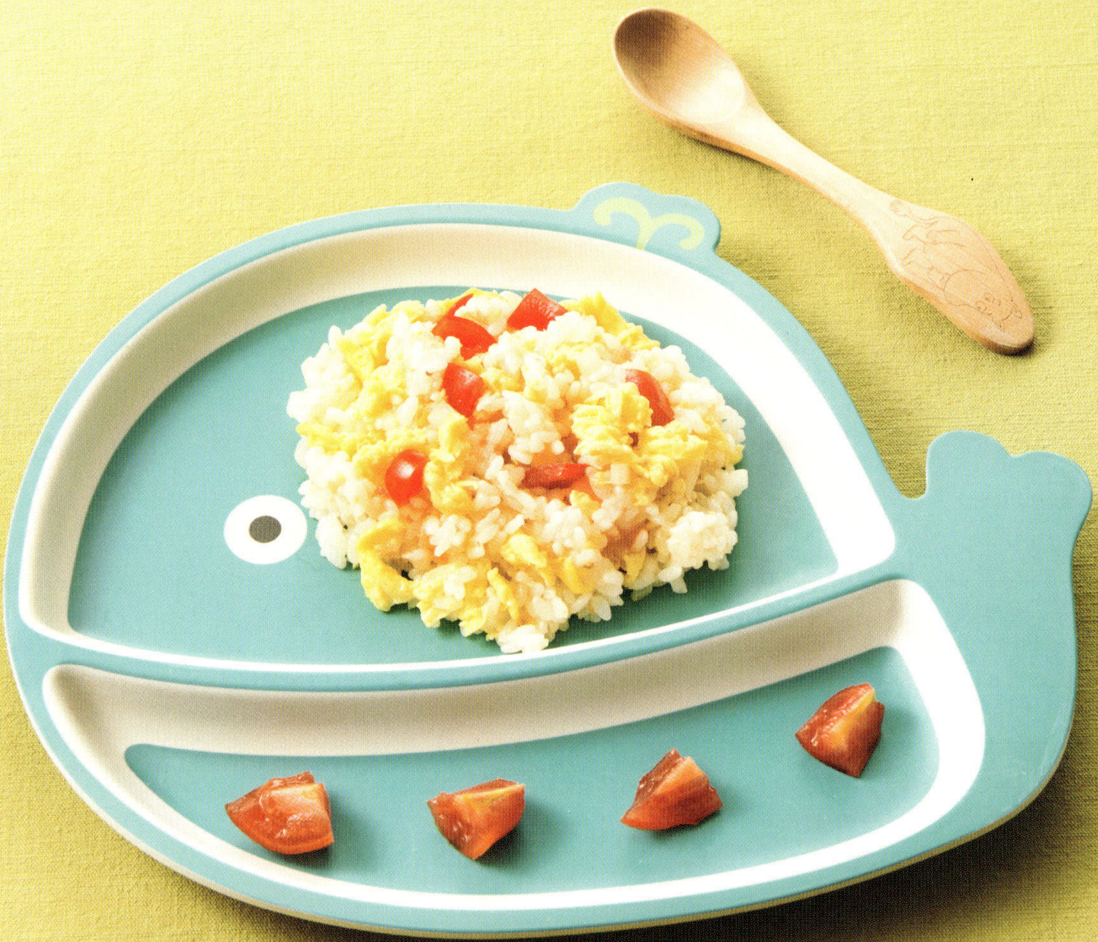

토마토는 그냥 먹는 것보다 가열해서 먹을 때 영양가가 더 높아진다고 해요. 토마토를 썰어 달걀과 함께 볶음밥을 해보아요. 새콤달콤한 토마토의 맛이 식욕을 자극해 입맛 없던 아이도 한 그릇 뚝딱 먹게 된답니다.

새콤달콤 토마토달걀볶음밥

recipe

1. 방울토마토는 칼집을 내고 끓는 물에 빠르게 데친다.
2. 방울토마토를 건져 껍질을 벗기고 잘게 썬다.
3. 달걀을 푼다.
4. 팬에 기름을 두르고 달걀을 넣어 볶아 스크램블드에그를 만든다.
5. 달걀을 한쪽으로 밀고 다진 양파와 토마토를 넣어 볶는다.
6. 밥을 넣고 섞듯이 볶는다.

ingredient

방울토마토 6개,
달걀 1개, 다진 양파 한 줌,
아기밥 1공기, 식용유

mom's note

- 팬에 토마토를 먼저 볶고 달걀을 볶으면 달걀이 풀어져 부드러운 식감이 되고, 달걀을 먼저 볶은 뒤 토마토를 넣으면 좀 더 단단한 식감이 됩니다. 아이의 개월 수와 선호도에 따라서 요리하도록 합니다.

One-dish 12

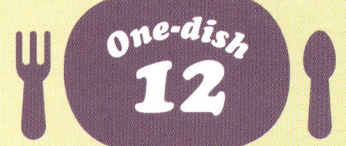

고기와 채소가 골고루 들어간 일품요리 식판

소고기채소죽

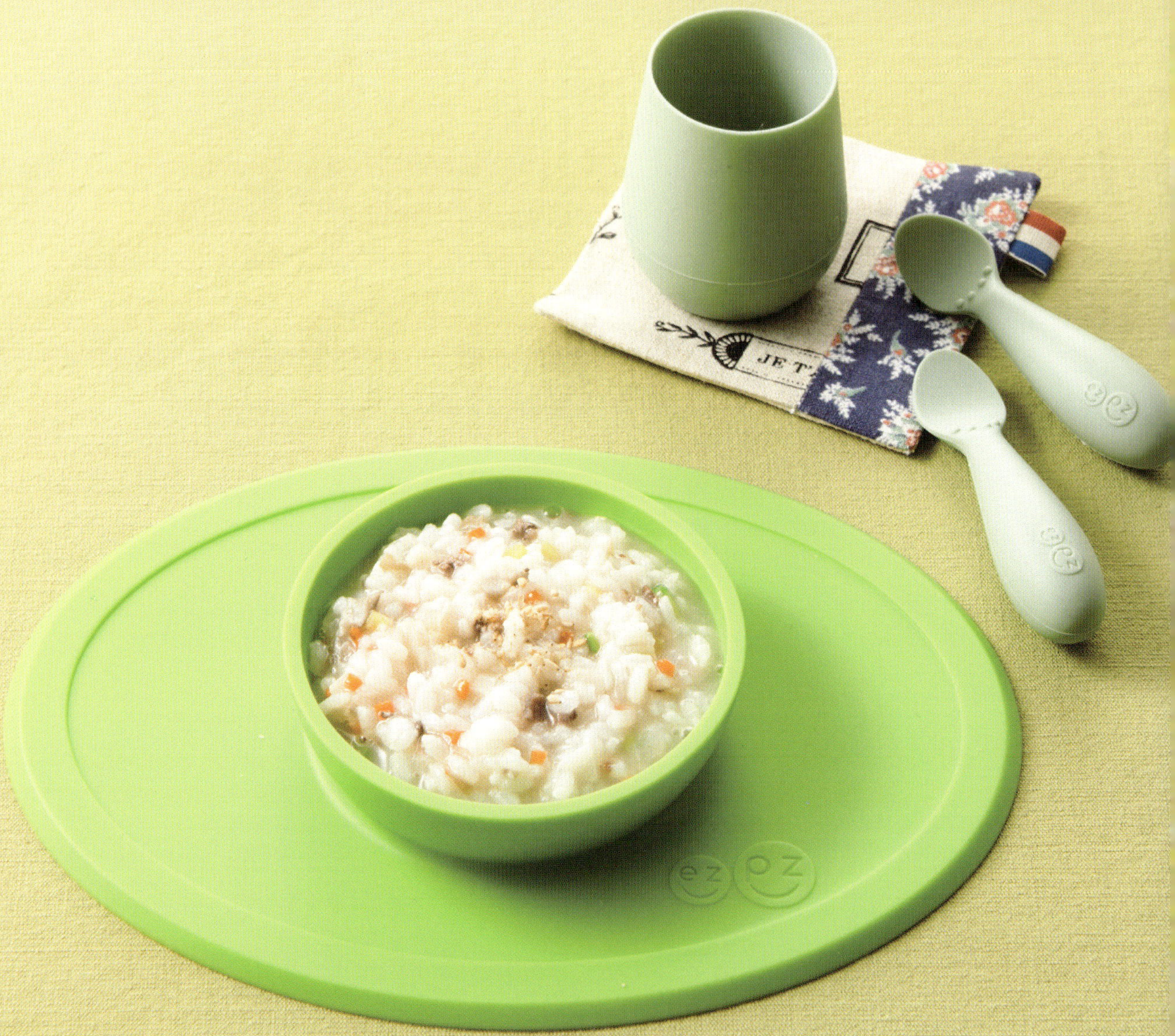

이유식을 끝낸 아이에게 너무 묽은 죽보다는 알갱이가 살아 있어 씹는 즐거움이 있는 소고기채소죽을 만들어주세요. 아이의 씹는 훈련에 도움이 된답니다. 뿐만 아니라 고기와 채소를 골고루 먹일 수 있어 영양도 가득해요.

알갱이가 살아 있는 소고기채소죽

recipe

1. 소고기는 키친타월로 가볍게 눌러 핏물을 제거한다.
2. 냄비에 멸치다시마육수를 붓고 소고기와 채소를 넣어 중불에서 끓인다.
   멸치다시마육수 만들기는 p.24를 참고해요.
3. **2**에 밥을 넣고 저으면서 끓인다.
   위로 올라오는 거품은 걷어주세요.
4. 약불로 줄이고 충분히 익도록 끓인 뒤 마지막에 참기름과 국간장을 넣는다.

ingredient

다진 소고기 40g,
다진 채소(호박, 당근, 버섯,
양파 등) 1/2컵,
아기밥 2/3공기,
참기름 1작은술,
국간장 1작은술,
멸치다시마육수 3컵

 **mom's note**

- 씹는 맛이 살아 있도록 물의 양을 줄이고 썰 대신 밥을 넣었습니다. 채소를 썰 때는 식감이 살아 있도록 너무 잘게 다지지 않도록 합니다.

One-dish 13

아이의 눈과 입이 즐거운 일품요리 식판

감자파프리카볶음밥

보기 좋은 떡이 먹기도 좋은 건 유아 식판에도 해당되는 말일 거예요. 아이도 예쁘게 차려진 식단에 일단 관심을 갖게 마련이죠. 알록달록한 파프리카를 이용하여 볶음밥을 해보아요. 아이의 눈과 입을 즐겁게 해주는 건강 일품식이 된답니다.

알록달록 감자파프리카볶음밥

1. 파프리카, 감자, 팽이버섯은 작게 깍둑썰기하고 달걀은 곱게 푼다.
   파프리카는 색깔별로 다양하게 준비하면 좋아요.
2. 팬에 기름을 살짝 두르고 파프리카, 감자, 팽이버섯을 넣어 볶는다.
3. **2**에 밥을 넣고 볶는다.
4. 밥을 한쪽으로 밀고 달걀물을 넣고 볶아 스크램블드에그를 만든다.
5. 달걀이 다 익으면 밥을 넣어 섞고 간장이나 소금으로 간한다.

recipe

ingredient

파프리카 한 줌, 감자 1/2개,
팽이버섯 한 줌, 달걀 1개,
식용유, 아기밥 1공기,
간장(소금) 조금

One-dish 14

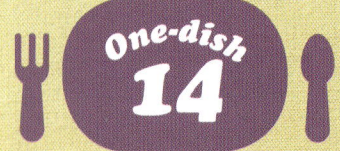

생토마토소스를 곁들인 스파게티 일품요리 식판

토마토스파게티

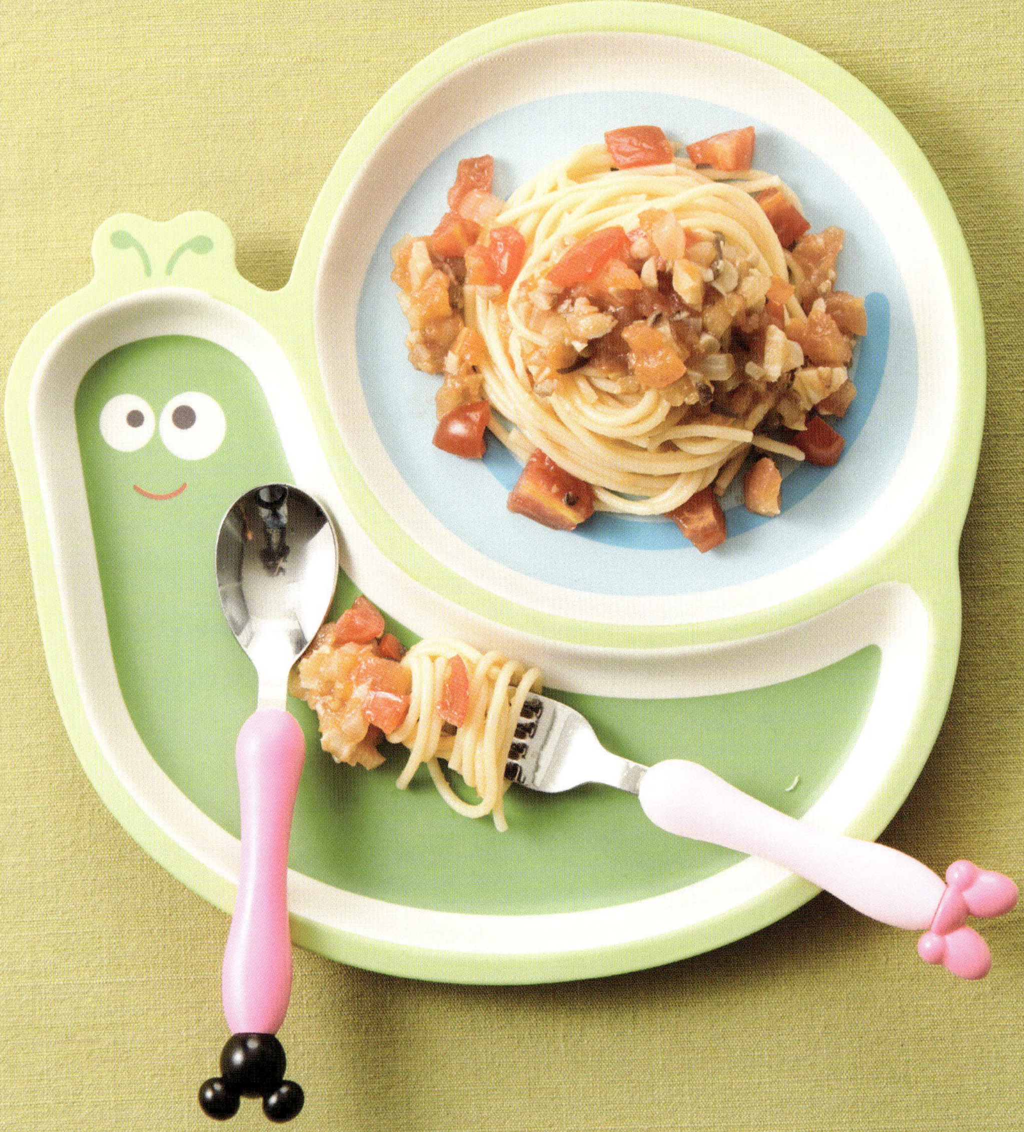

새콤달콤한 토마토스파게티는 아이에게 색다른 별미가 됩니다. 우리 아이가 먹을 음식이니 시판 소스 사용을 자제하고 생토마토로 상큼한 소스를 만들어 건강한 스파게티를 요리해보아요.

recipe

ingredient
스파게티면 한 줌,
방울토마토 7~8개,
양파 한 줌,
버섯 한 줌,
식용유

생토마토로 만든 토마토스파게티

1 스파게티면을 준비한다.
    어른 양의 반 정도면 충분해요.
2 면을 끓는 물에 8~9분 정도 삶은 뒤 체에 밭쳐 물기를 뺀다.
    삶은 면을 찬물에 헹구지 않아요.
3 방울토마토는 칼집을 내고 끓는 물에 빠르게 데친다.
4 방울토마토를 건져 껍질을 벗기고 잘게 썬다.
5 팬에 기름을 두르고 다진 양파와 다진 버섯을 넣고 볶다가 **4**를 넣어 볶는다.
    토마토가 퍼져서 걸쭉해질 때까지 저어요.
6 **5**에 삶은 면을 넣고 섞는다.

One-dish 15

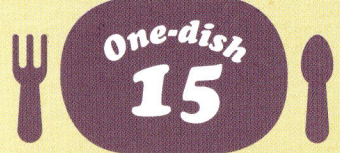

우유와 치즈로 만든 크림스파게티 일품요리 식판

크림스파게티

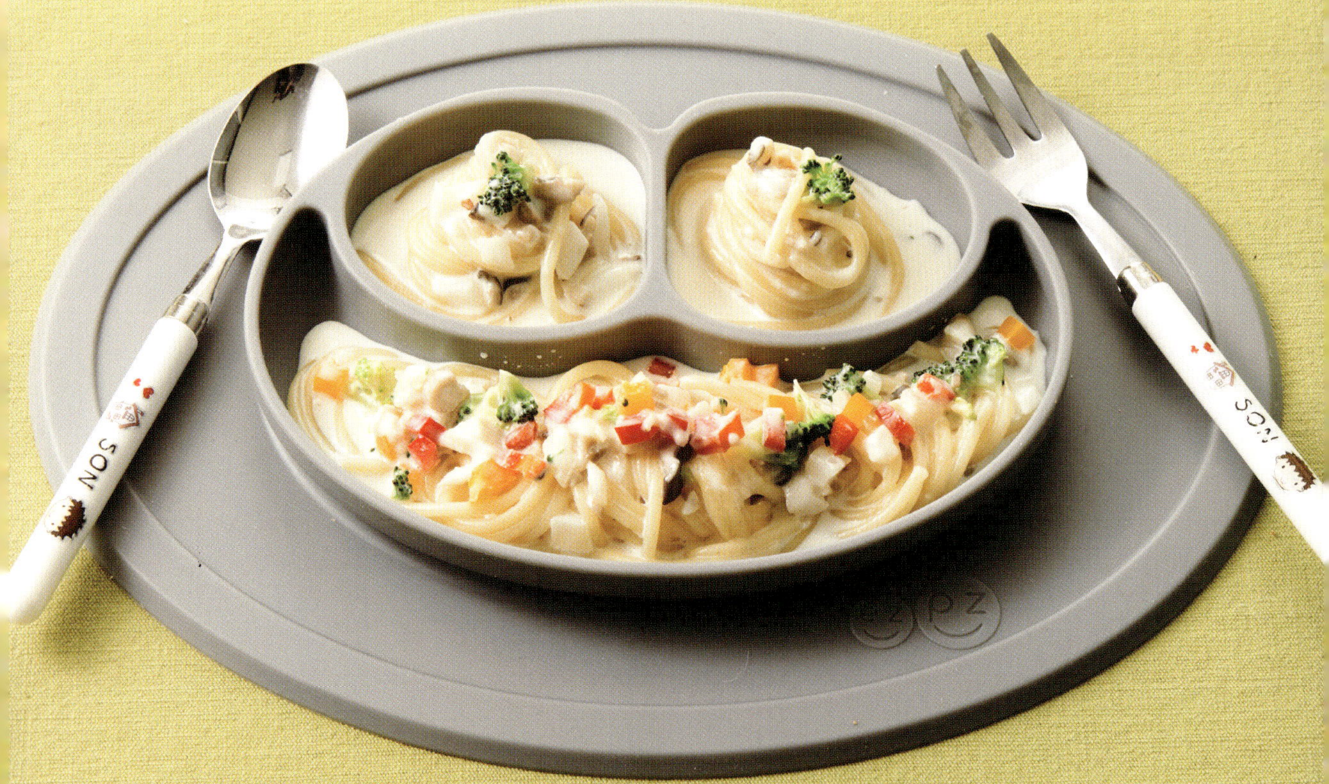

시판 소스나 생크림 없이 크림스파게티 만드는 법을 소개해요. 우유와 아기치즈 한 장만 있으면 맛있는 크림스파게티 소스를 만들 수 있어요. 자극적이지 않고 건강한 엄마표 스파게티로 아이의 입맛과 건강 모두를 챙겨보아요.

우유와 치즈로 만든 크림스파게티

recipe

1 스파게티면을 삶는다.
　스파게티면 삶는 법은 p.205를 참고해요.
2 파프리카, 버섯, 브로콜리는 작게 썬다.
3 팬에 기름을 두르고 **2**를 넣어 볶는다.
4 **3**에 삶은 면을 넣고 볶다가 우유를 붓고 끓인다.
　소금으로 간을 맞춰요.
5 거품이 끓어오르면 약불로 줄이고 아기치즈를 넣는다.
　소스가 걸쭉하게 될 때까지 저어요.

ingredient

스파게티면 한 줌,
파프리카 한 줌, 버섯 한 줌,
브로콜리 한 줌, 식용유,
우유 1/2컵, 아기치즈 1장,
소금 조금

mom's note

- 우유의 양은 면보다 위로 올라오지 않도록 합니다. 아기치즈를 넣고 저었을 때 국물이 거의 졸아들어 걸쭉한 상태가 되어야 맛있는 소스가 됩니다.

One-dish 16

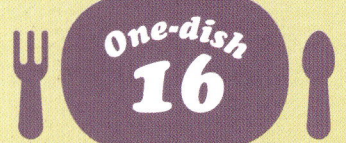

부드러운 덮밥을 담은 일품요리 식판

소고기채소덮밥

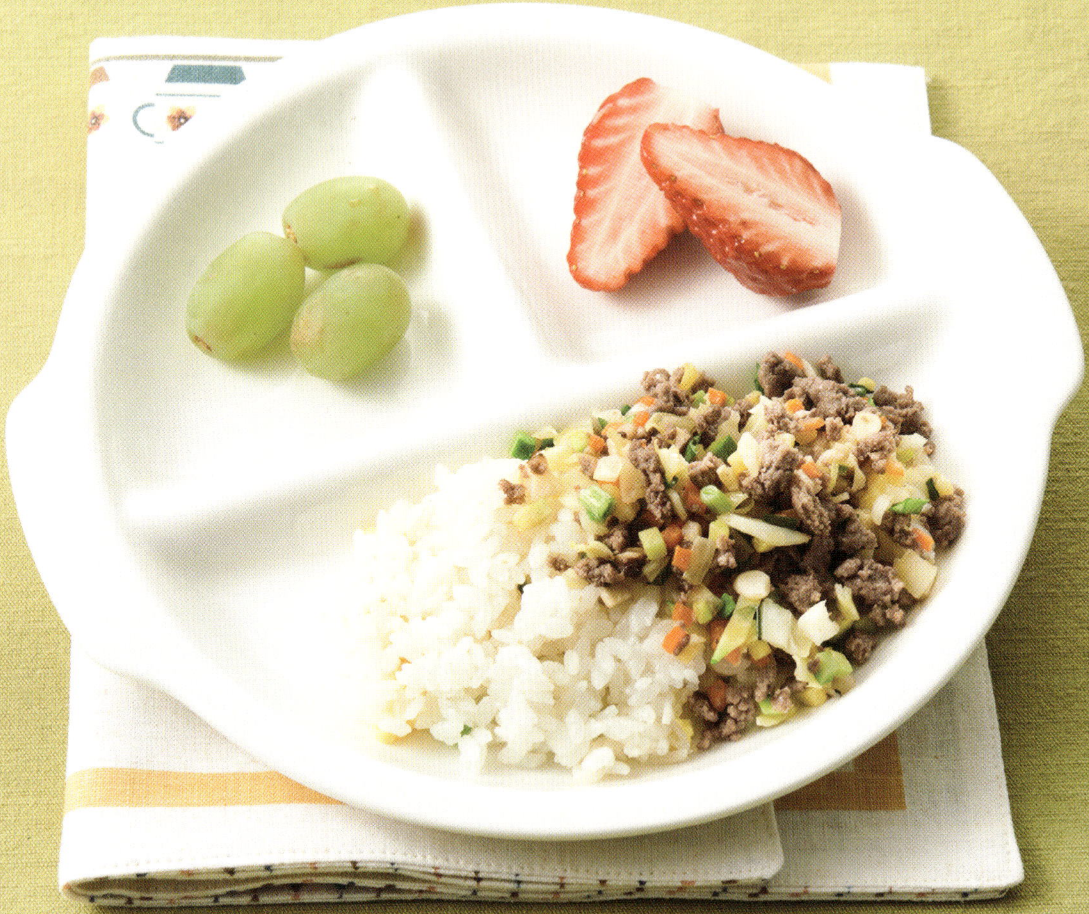

덮밥은 부드럽게 먹을 수 있어 유아식을 처음 시작하는 아이에게 좋은 메뉴예요. 재료를 따로 볶아서 밥 위에 얹으니 기름 사용도 훨씬 적답니다. 개월 수 적은 아이에게는 볶음밥보다 덮밥을 권해요.

부드럽고 맛있는 소고기채소덮밥

recipe

1. 소고기는 핏물을 제거하고 밑간을 한다.
2. 팬에 기름 없이 소고기를 넣고 볶는다.
3. 2에 다진 채소를 넣고 함께 볶는다.
   잘 섞은 다음 밥 위에 얹어요.

ingredient

다진 소고기 40g,
다진 채소(호박, 당근,
양배추, 버섯, 부추 등) 1/2컵,
아기밥 1공기

밑간 | 간장 1작은술,
참기름 1작은술

쫄깃한 식감이 살아 있는 일품요리 식판

버섯덮밥

버섯에 간장소스를 더해 덮밥을 만들어보아요. 아이가 잘 먹는 일품요리가 된답니다. 버섯볶음만 먹던 아이에게 새로운 버섯덮밥을 해주니 맛있게 잘 먹어요.

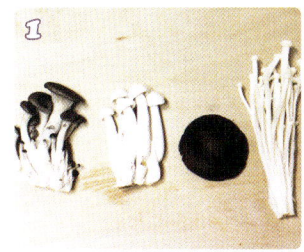   

쫄깃쫄깃한 버섯덮밥

recipe

ingredient

버섯 1컵, 식용유,
간장 1작은술, 부추 조금,
아기밥 1공기

녹말물 | 녹말 1작은술,
물 2큰술

1. 버섯을 준비한다.
   어떤 종류의 버섯이든 다 좋아요.
2. 버섯을 먹기 좋게 썬 뒤 기름 두른 팬에 넣고 볶다가 간장으로 간한다.
3. **2**에 다진 부추를 넣는다.
4. **3**에 녹말물을 넣는다.
   국물이 걸쭉해지면 불을 끄고 밥 위에 얹어요.

One-dish 18

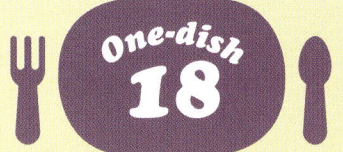

채소와 친해지는 일품요리 식판

상추비빔밥

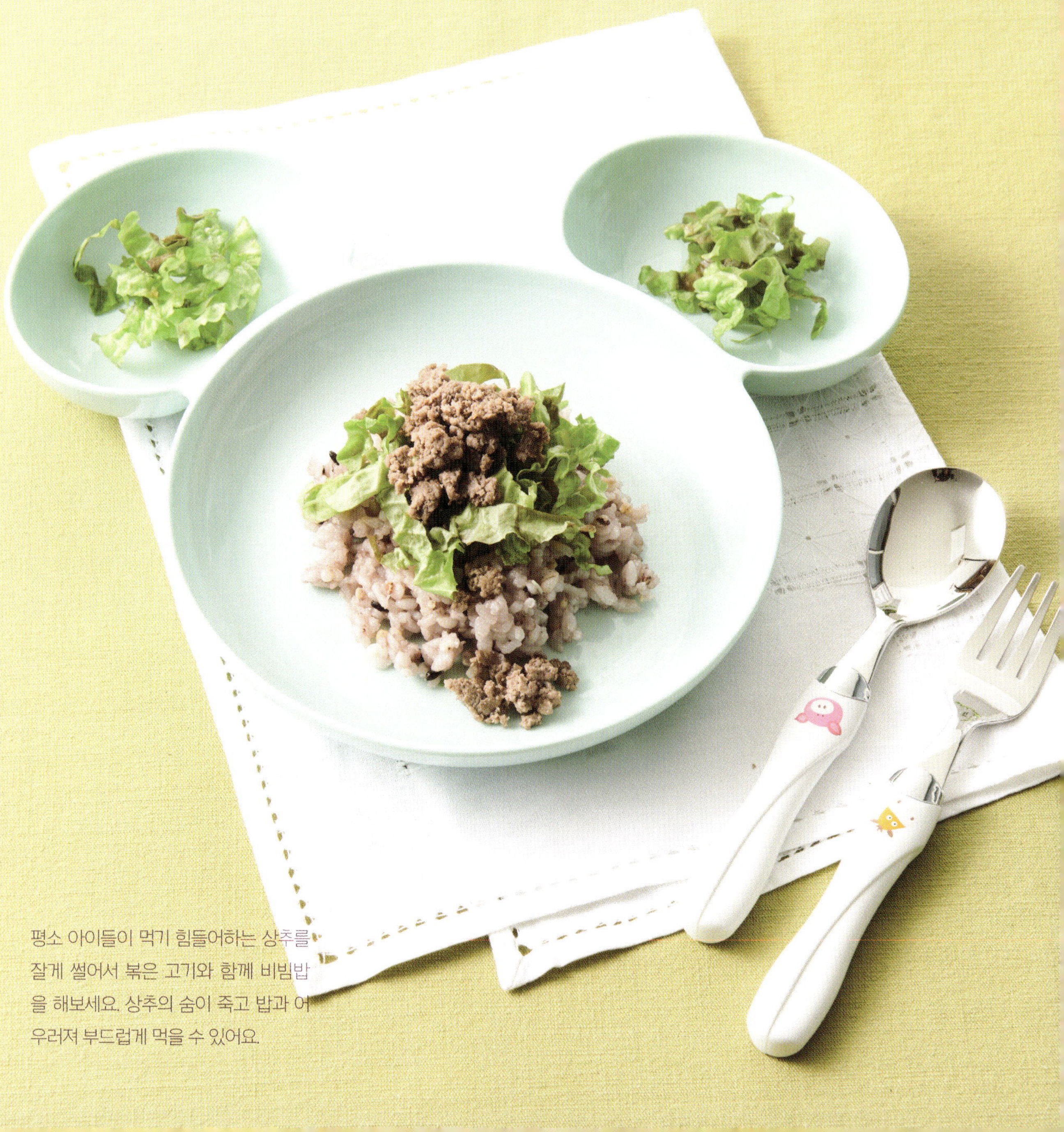

평소 아이들이 먹기 힘들어하는 상추를 잘게 썰어서 볶은 고기와 함께 비빔밥을 해보세요. 상추의 숨이 죽고 밥과 어우러져 부드럽게 먹을 수 있어요.

간단하게 준비하는 상추비빔밥

1. 소고기는 키친타월로 가볍게 눌러 핏물을 제거한다.
2. 상추는 깨끗이 씻어 잘게 다진다.
3. 팬에 소고기, 간장, 올리고당을 넣고 볶는다.
   밥 위에 상추를 듬뿍 올리고 그 위에 볶은 고기를 얹은 뒤 참기름과 깨소금을 뿌려주세요.

recipe

ingredient

상추 2~3장,
다진 소고기 40g,
간장 1작은술,
올리고당 1작은술,
참기름 1/2큰술,
깨소금 조금,
아기밥 1공기

달걀과 치즈가 부드럽게 어우러진 일품요리 식판

치즈달걀말이밥

달걀 속에 치즈와 밥이 쏙 녹아들어 부드럽게 먹을 수 있는 치즈달걀말이밥이에요. 보기에도 예뻐서 아이들에게 먹는 재미도 주지요.

부드럽고 고소한 치즈달걀말이밥

recipe

1. 달걀은 풀어서 소금으로 간한다.
2. 팬에 기름을 두르고 달걀물을 부어 넓게 부친다.
3. 달걀 가운데에 밥을 올리고 그 위에 아기치즈를 길게 올린다.
4. 달걀 양쪽을 들어 밥을 덮듯이 말아준다.

ingredient

달걀 2개, 아기밥 2/3공기,
아기치즈 1/2장,
소금 조금, 식용유

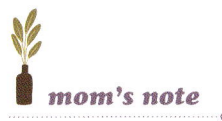 **mom's note**

• 밥의 양이 많으면 예쁘게 말기 어려우니 주의합니다. 밥이 조금 식은 후에 먹기 좋은 크기로 썰면 됩니다.

PART 06

집에서도
맛있게

건강한
간식
식판식

Snack 01

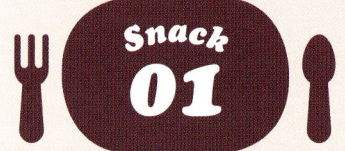

떡 하나로 빠르고 쉽게 만드는 간식 식판

간장떡볶이

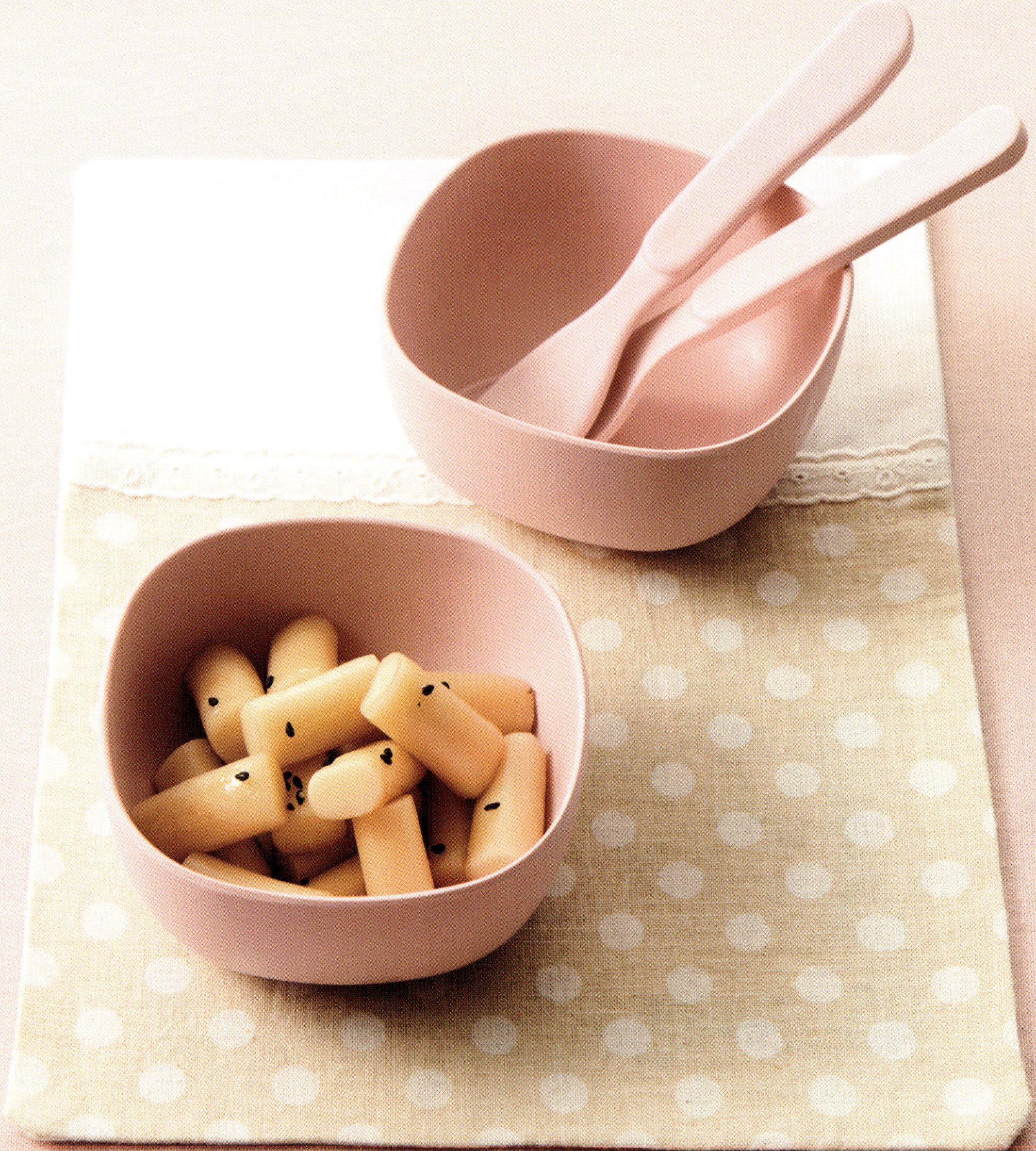

가끔은 빠르게 만들어줄 수 있는 간식 메뉴도 필요해요. 떡볶이떡 하나만 있으면 쉽게 만들 수 있는 간장떡볶이를 만들어보아요. 쫄깃하고 달콤해서 아이는 물론 아빠의 야식으로도 좋답니다.

  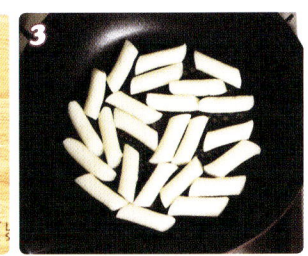

쫄깃하고 달콤한 간장떡볶이

recipe

1. 떡은 씻어서 물에 잠시 담가둔다.
2. 양념을 만든다.
3. 떡을 체에 받쳐 물기를 뺀 다음 기름 두른 팬에 넣고 굽는다.
   기름이 많으면 튈 수 있으므로 조금만 두르거나 기름을 두르고 키친타월로 닦아요.
4. 떡이 말랑거리면 양념을 넣는다.
5. 떡이 타지 않도록 빠르게 섞는다.

ingredient

떡볶이떡 200g, 식용유

양념 | 간장 1큰술,
올리고당 1큰술,
참기름 1/2큰술, 물 2큰술

Snack 02 — 식사 대용으로 좋은 간식 식판

달걀토스트

프렌치토스트는 바쁜 아침에 식사 대용이나 아이 간식으로 좋아요. 식빵과 달걀만 있으면 쉽고 빠르게 요리할 수 있답니다. 밖에서 놀다 들어와 먹을거리를 찾는 아이를 오래 기다리게 하지 않아도 순식간에 맛있는 간식을 뚝딱 만들 수 있어요.

빠르고 간단한 달걀토스트

recipe

ingredient
식빵 1장, 달걀 1개,
우유 2큰술, 소금 조금,
식용유(버터) 조금

1. 식빵은 테두리를 자르고 4등분한다.
   잘라낸 식빵 테두리는 p.230의 식빵러스크로 활용해요.
2. 달걀을 풀고 우유와 소금을 넣는다.
3. 식빵을 **2**에 넣어 달걀물을 입힌다.
   달걀물이 빵에 촉촉하게 스며들게 해요.
4. 팬에 기름을 살짝 두르고 **3**을 넣어 앞뒤로 노릇노릇하게 굽는다.
   식용유 대신 버터를 이용해도 좋아요.

Snack 03

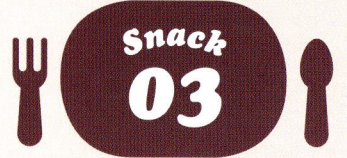

어른, 아이 할 것 없이 잘 먹는 간식 식판

김치감자전

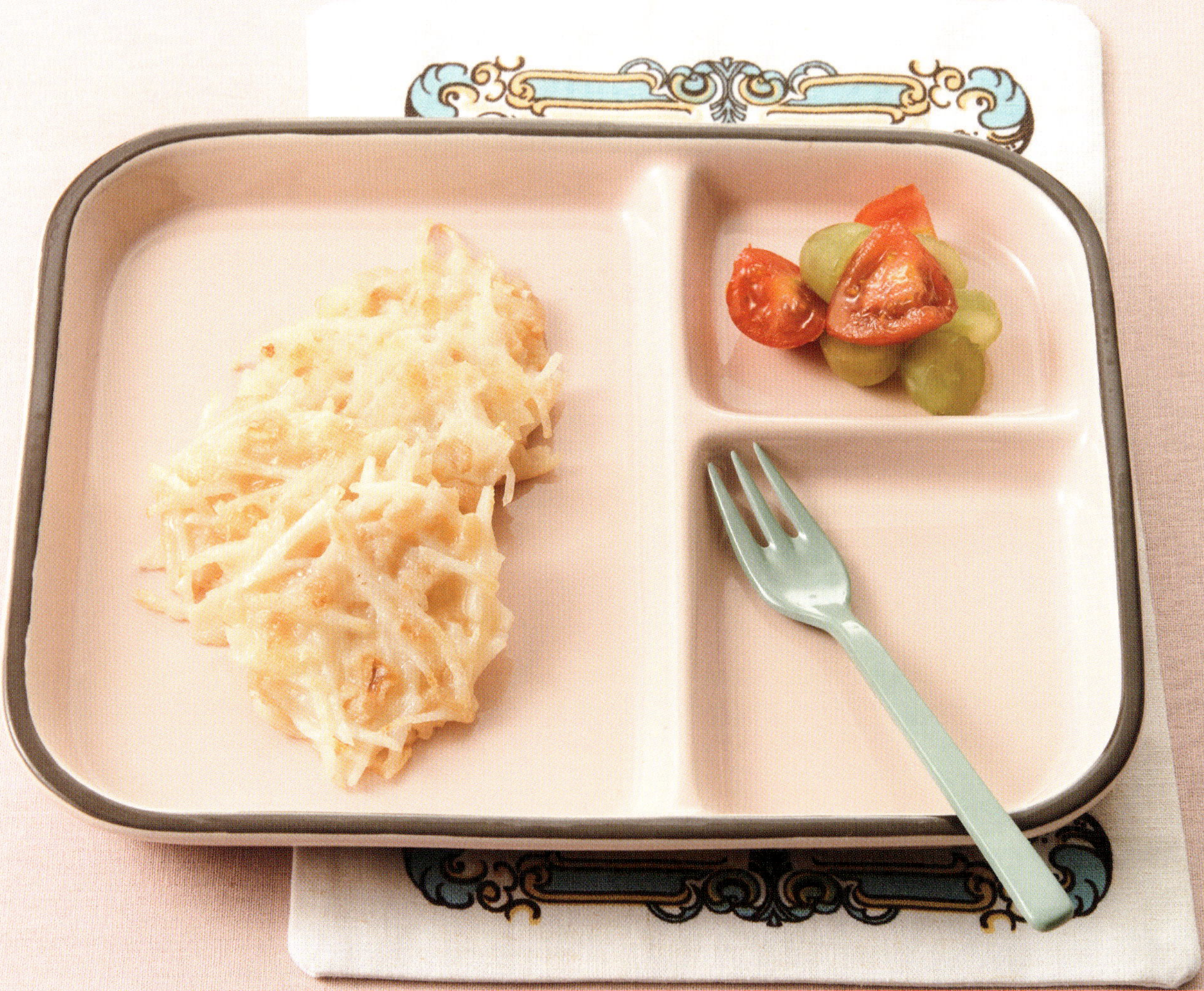

감자전은 어른, 아이 할 것 없이 누구나 좋아하는 간식이에요. 씻은 김치를 다져 넣으면 쫀득하면서도 식감이 살아 있는 김치감자전이 된답니다. 채칼로 갈아서 부치기만 하면 간단하게 완성되는 영양 만점 김치감자전을 만들어보아요.

쫀득쫀득한 김치감자전

recipe

1. 김치는 씻어서 물기를 꼭 짜고 잘게 다진다.
2. 감자는 채칼로 가늘게 간다.
3. 볼에 김치, 감자, 밀가루, 물을 넣고 반죽을 만든다.
4. 반죽이 차지고 끈기가 생기도록 농도를 맞춘다.
5. 팬에 기름을 두르고 한 숟가락씩 떠서 전을 부친다.

ingredient

김치 1/2컵, 감자 1개,
밀가루 1/2컵, 물 1/3컵,
식용유

Snack 04

고소함이 가득한 간식 식판

아보카도달걀샌드위치

부드러운 아보카도는 아이들이 먹기 좋은 식재료가 됩니다. 그냥 먹는 것보다 삶은 달걀과 함께 버무려주면 고소함과 담백함이 더욱 풍부해지지요.

담백하고 부드러운 아보카도달걀샌드위치

recipe

1. 달걀은 삶아 껍데기를 벗긴다.
   달걀 삶는 법은 p.125를 참고해요.
2. 아보카도는 깨끗이 씻어 껍질을 벗긴 뒤 작게 썬다.
   아보카도 손질법은 p.82를 참고해요.
3. 볼에 삶은 달걀, 아보카도, 소금을 넣고 으깨듯 섞는다.
   아보카도가 크림처럼 되도록 으깨요.
4. 모닝빵을 반으로 가르고 **3**을 채워 넣는다.
   식빵이나 크루아상 등 다양한 빵으로 활용해도 좋아요.

ingredient

아보카도 1개, 달걀 2개,
소금 조금, 모닝빵

mom's note

- 아보카도달걀샌드위치는 냉장 보관을 오래 하면 갈변하기 쉽습니다. 소량씩 만들어 최대한 빨리 먹는 것이 좋습니다.

Snack 05

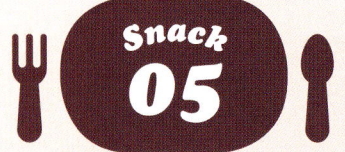

황금 비율로 만든 맛탕을 담은 간식 식판

고구마맛탕

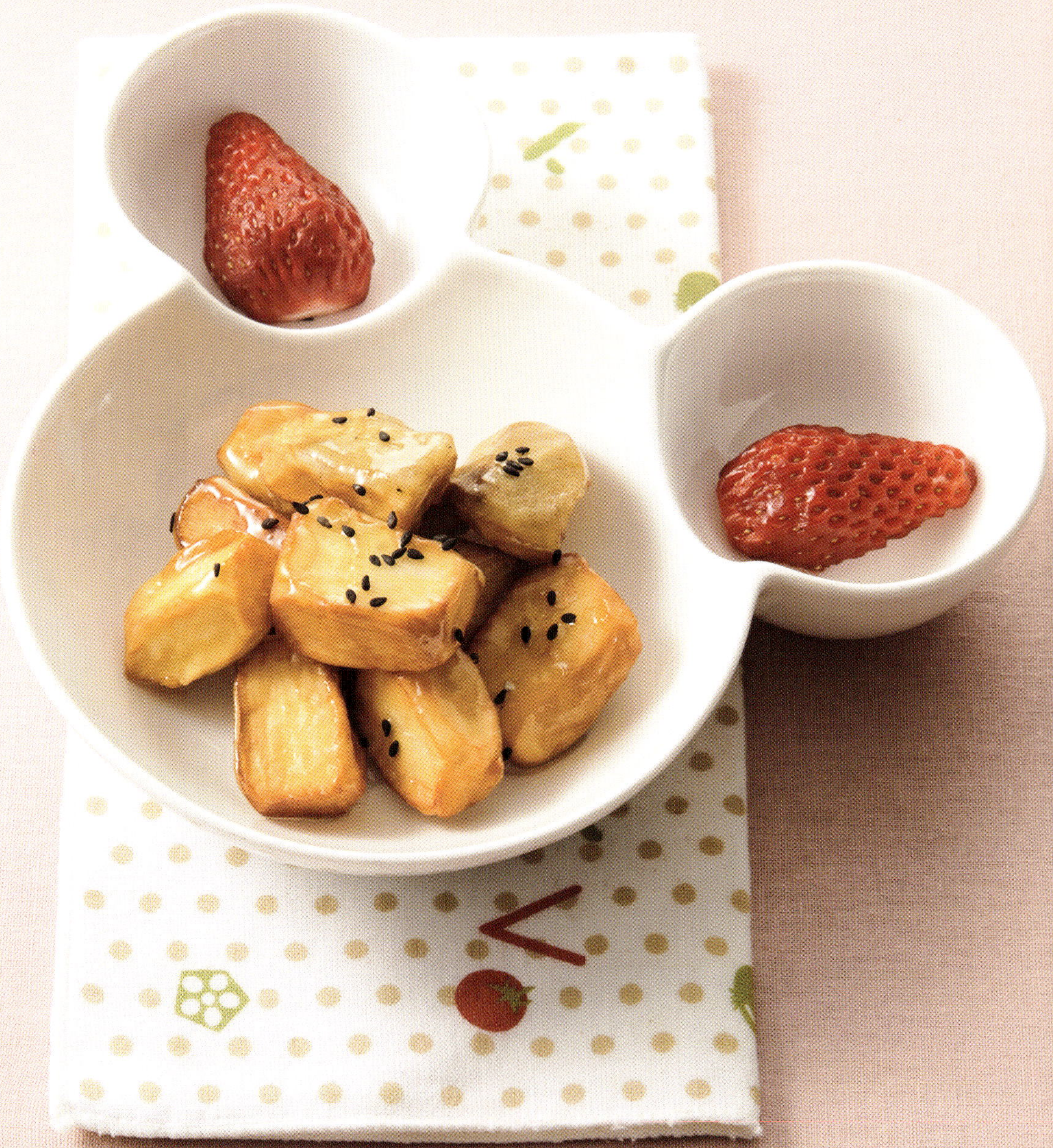

맛탕은 튀기는 시간이나 설탕 시럽의 비율 등이 모두 알맞게 맞아야 하기 때문에 만들기 까다로운 메뉴죠. 맛탕 만들기에 도전하는 엄마들을 위해 쉽고 간단하게 만드는 방법과 시럽 비율을 소개해요.

달콤바삭한 고구마맛탕

recipe

ingredient

고구마 2개, 식용유
시럽(올리고당 2큰술,
설탕 1큰술, 식용유 2큰술

1. 고구마는 껍질을 벗겨 2~3cm 크기로 썬다.
2. 고구마를 물에 담가 전분기를 제거한 뒤 체에 밭쳐 물기를 뺀다.
   키친타월로 가볍게 두드리며 남은 물기를 제거해요.
3. 예열한 기름에 고구마를 넣고 튀긴다.
4. 고구마를 건지고 키친타월에 올려 기름기를 뺀다.
5. 약불에 올린 팬에 시럽을 넣고 기다린다.
   설탕이 자연스럽게 녹을 때까지 젓지 않아요.
6. 설탕이 다 녹고 끓어오르면 고구마를 넣고 빠르게 버무린다.

쭉 늘어나는 치즈가 재밌는 간식 식판

모차렐라치즈토스트

쭉 늘어나는 모차렐라치즈로 맛있는 간식을 만들어요. 빵과 달걀, 모차렐라치즈를 함께 먹으니 맛있으면서도 든든해요.

recipe

치즈와 달걀이 어우러진 모차렐라치즈토스트

ingredient

식빵 1개, 달걀 1개,
모차렐라치즈 한 줌,
식용유

1. 팬에 기름을 두르고 달걀프라이를 한다.
2. 팬에 식빵을 넣고 굽는다.
3. 식빵 한쪽 면이 익으면 뒤집고 위에 모차렐라치즈를 올린다.
   불은 가장 약하게 줄여요.
4. **3** 위에 달걀프라이를 올린다.
5. 뚜껑을 닫고 약불에서 치즈가 녹을 때까지 익힌다.

 mom's note

• 달걀프라이는 기호에 따라 익힘 정도를 조절할 수 있지만 아이가 먹는 거라면 완숙이 좋습니다.

Snack 07 — 바삭바삭 달콤달콤 간식 식판

식빵러스크

샌드위치나 토스트를 만들고 남은 식빵 자투리를 이용해 아이들이 좋아하는 달콤 바삭한 간식을 만들어주세요. 온 가족이 함께 즐기기 좋은 간식이랍니다.

recipe

ingredient
식빵 자투리 8조각
(또는 일반 식빵 1장),
올리고당 1큰술,
설탕 1/2큰술, 식용유

바삭하고 달콤한 식빵러스크

1. 식빵 자투리는 1~1.5cm 크기로 썬다.
2. 팬에 기름을 두르고 예열한 뒤 식빵을 넣고 튀기듯이 굽는다.
   강불에서 빠르게 구워야 바삭해요.
3. 식빵이 갈색으로 구워지면 약불로 줄이고 올리고당과 설탕을 넣고 버무린다.

Snack 08

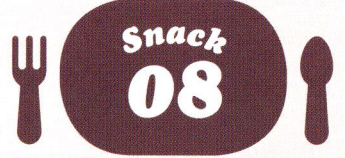

엄마의 달콤한 정성이 담긴 간식 식판

바나나치즈구이

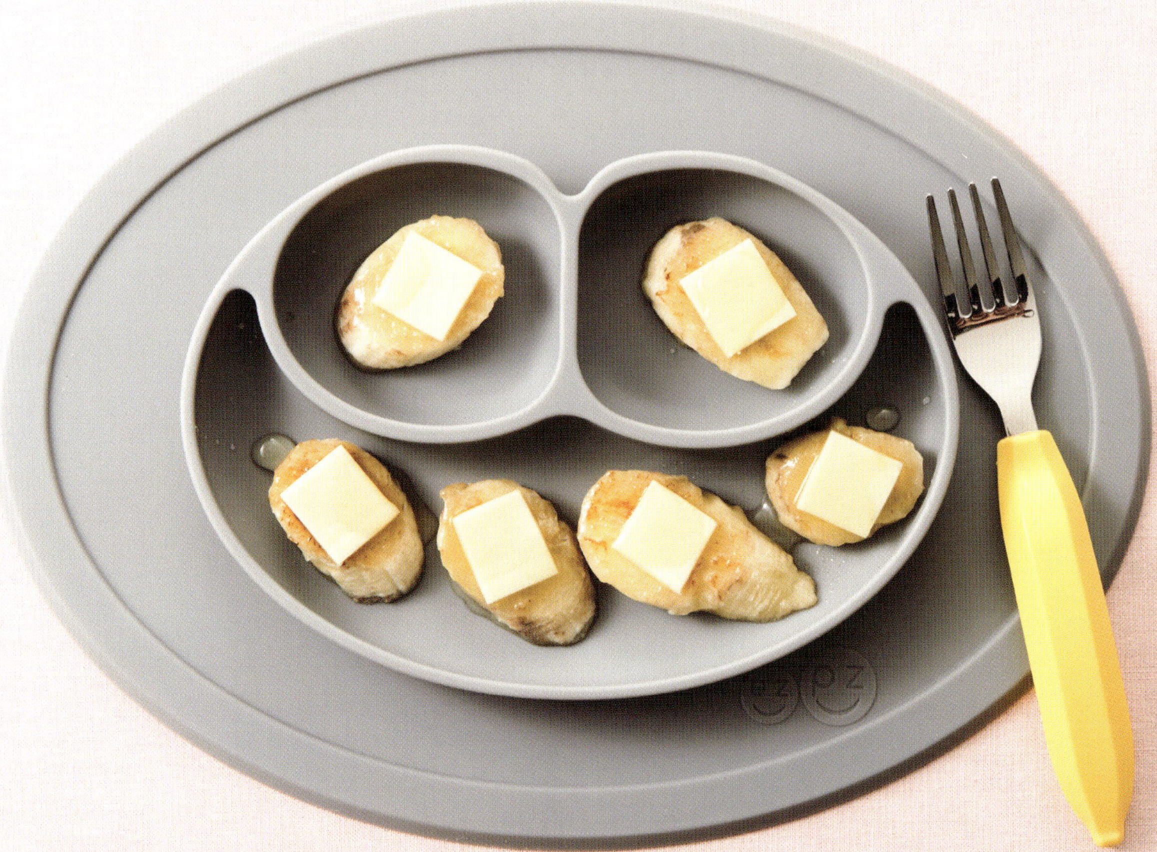

아이들은 단것을 굉장히 좋아하는데 시중에서 파는 군것질거리를 그냥 주기에는 마음이 놓이지 않죠. 그럴 때는 바나나치즈구이를 만들어보아요. 달콤한 간식을 좋아하는 아이에게 엄마표 달콤함을 선물해요.

달콤하게 녹는 바나나치즈구이

recipe

ingredient

바나나 1개, 꿀 1큰술,
물 1큰술, 아기치즈 1/2장,
설탕 1작은술

1. 바나나를 1.5cm 두께로 어슷썰기한다.
2. 달군 팬에 바나나를 넣고 굽는다.
   중불에서 빠르게 구워요.
3. 바나나의 한쪽 면이 노릇해지면 뒤집는다.
   바나나를 뒤집고 약불로 낮춰요.
4. 꿀과 물을 섞어서 바나나 위에 뿌린다.
5. 아기치즈를 작게 잘라 올리고 설탕을 뿌린다.

 *mom's note*

- 바나나는 중불 이상에서 빠르게 구워야 무르지 않고 맛있으며 타지 않습니다. 기름 없이 구워도 좋지만 눌어붙는다면 기름을 살짝 두르고 키친타월로 가볍게 닦아낸 다음 굽습니다. 치즈가 없다면 생략해도 좋습니다.

Snack 09 — 겉은 바삭 속은 촉촉한 크로켓 간식 식판

감자크로켓

감자크로켓은 겉은 바삭하고 속은 으깬 감자가 들어 있어 부드러워요. 아이는 물론 어른의 입맛도 사로잡을 수 있는 특별한 간식이에요.

겉은 바삭 속은 촉촉 감자크로켓

recipe

ingredient
감자 작은 것 2개,
다진 당근 한 줌,
다진 양파 한 줌, 달걀 1개,
식용유

튀김옷 | 밀가루 1/2컵,
달걀 1개, 빵가루 1/2컵

1 감자는 껍질을 벗기고 반으로 잘라 삶은 다음 곱게 으깬다.
  감자가 따뜻할 때 으깨요.
2 당근과 양파는 다져서 팬에 넣고 살짝 볶는다.
3 달걀은 삶아서 으깨고 당근, 양파와 함께 **1**에 넣고 섞는다.
4 한 숟가락씩 떠서 랩에 올리고 동글동글 만다.
5 밀가루-달걀-빵가루 순으로 튀김옷을 입힌다.
6 예열한 기름에 넣고 노릇하게 튀긴다.

Snack 10

채소가 바삭하게 변신한 간식 식판

채소튀김

채소를 먹기 싫어하는 아이와 어떻게든 먹이려는 엄마의 실랑이가 반복됩니다. 이럴 때는 채소를 이용해 아이가 좋아하는 메뉴를 만들어보아요. 바삭한 채소튀김이라면 아이의 입맛을 충분히 사로잡을 수 있을 거예요.

recipe

바삭바삭한 채소튀김

ingredient

감자 1개, 당근 1/3개,
파프리카 1/4개,
깻잎 한 묶음, 식용유
튀김옷 | 녹말가루 1컵,
밀가루 1/2컵, 물 1컵

1. 감자, 당근, 파프리카, 깻잎은 깨끗이 씻어 세로로 길게 썬다.
   5cm 길이면 적당해요.
2. 녹말가루와 밀가루는 체에 거르고 물을 부어 섞는다.
3. **2**에 **1**를 넣고 가볍게 섞는다.
4. 뒤집개 위에 **3**을 가지런히 올려 모양을 다듬는다.
5. 팬에 기름을 부어 예열한 다음 **4**를 넣고 앞뒤로 노릇하게 튀긴다.
   너무 오래 튀기면 질기거나 딱딱해질 수 있어요.

 *mom's note*

- 채소튀김은 튀김옷을 얇게 입히는 것이 보기에 좋고 맛도 좋습니다. 뒤집개 위에 반죽을 올리면 구멍 사이로 불필요한 튀김반죽이 흘러내려 깔끔한 튀김이 된답니다. 처음에 반죽을 너무 걸쭉하게 하면 튀김옷 역시 두껍게 되니 약간 묽게 만듭니다.

Snack 11

건강한 엄마표 과자로 만든 간식 식판

고구마스틱

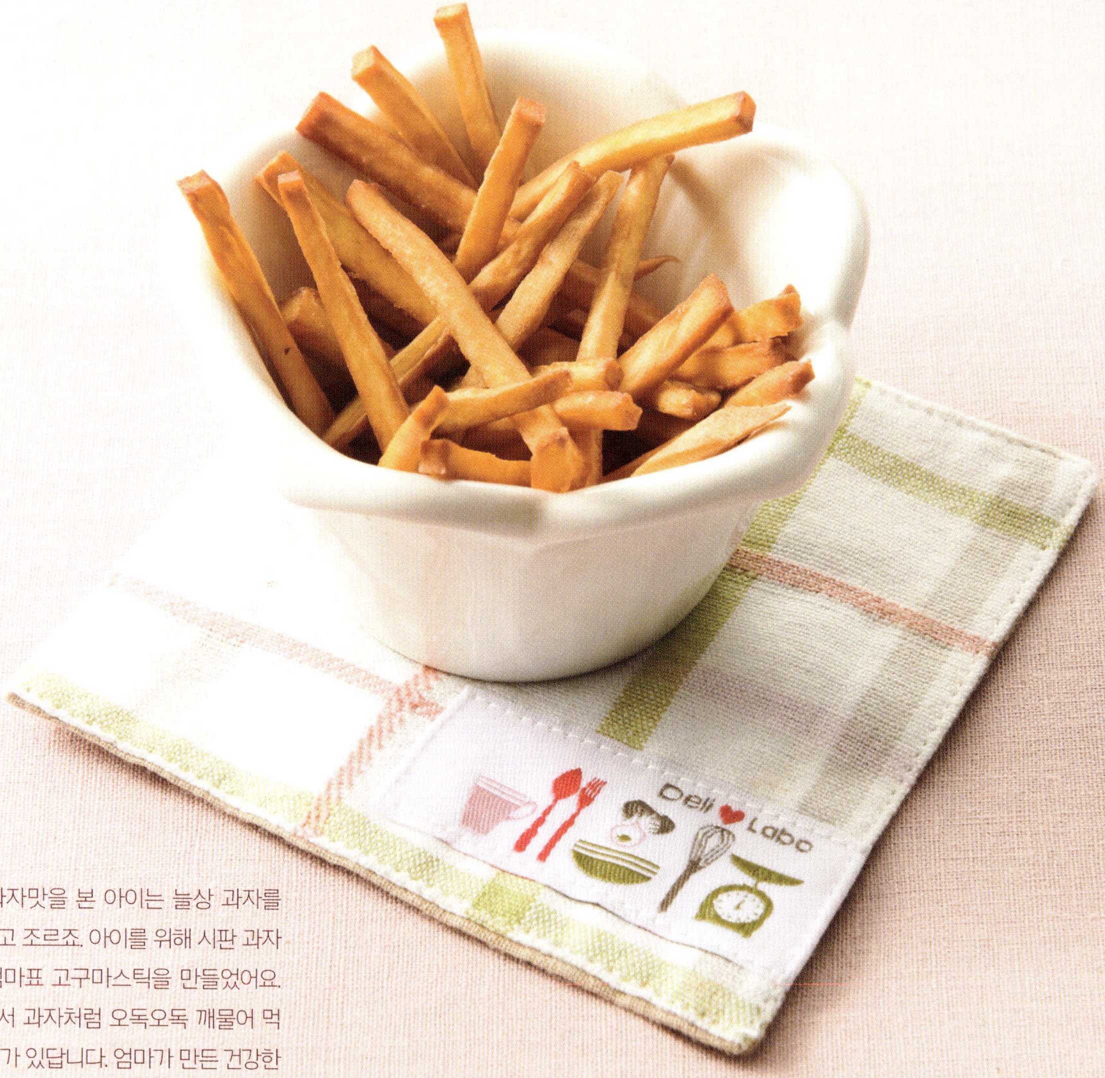

한번 과자맛을 본 아이는 늘상 과자를 사달라고 조르죠. 아이를 위해 시판 과자 대신 엄마표 고구마스틱을 만들었어요. 바삭해서 과자처럼 오독오독 깨물어 먹는 재미가 있답니다. 엄마가 만든 건강한 간식으로 아이의 식습관을 바로잡아요.

오도독 먹는 재미 고구마스틱

recipe

1. 고구마를 채썬다.
2. 고구마를 물에 담가 전분기를 뺀다.
3. 고구마를 체에 밭쳐 물기를 뺀다.
   키친타월로 톡톡 두드리며 남은 물기를 빼요.
4. 팬에 기름을 넉넉하게 붓고 예열한 뒤 고구마를 넣고 튀긴다.
   조리용 젓가락으로 저어가며 튀겨요.
5. 팬을 기울여서 고구마를 위로 올려 기름과 잠시 분리했다가 다시 기름과 섞는다.
   두 번 튀기는 효과를 주어 더욱 바삭해져요.
6. 고구마가 익으면 건진 뒤 접시에 넓게 펼쳐 식힌다.

ingredient

고구마 2개, 식용유

Snack 12

남은 부추로 맛있게 만든 간식 식판

호박부추전

부추는 아이에게 먹이기 힘든 채소 중 하나죠. 부추의 참맛을 느끼기에는 아직 어린 아이를 위해 부추전을 만들었어요. 채소를 활용한 메뉴로 아이와 채소를 천천히 친해지게 만들어주세요.

영양 듬뿍 호박부추전

1. 부추, 당근, 호박은 5cm 길이로 썬다.
   당근과 호박은 부추 양의 반 정도면 충분해요.
2. 반죽을 만들어 **1**을 넣고 섞는다.
3. 팬에 기름을 두르고 반죽을 얇게 펴서 부친 다음 먹기 좋게 썬다.

recipe

ingredient
부추 한 줌, 당근 한 줌,
호박 한 줌, 식용유
반죽 | 밀가루 1컵,
물 1/2컵, 소금 조금

Snack 13

엄마가 만드는 건강 음료 간식 식판

바나나곡물라테

바나나에 곡물을 섞어 라테를 만드니 만들기 간단하고 달콤해서 아이가 좋아해요. 여기에 미숫가루를 넣어 아이 건강까지 챙겼답니다.

달콤한 건강 음료 바나나곡물라테

recipe

1 바나나는 껍질을 벗겨 먹기 좋게 썰고 미숫가루는 1큰술 준비한다.
2 우유를 준비한다.
3 **1**과 **2**를 믹서에 넣고 간다.

ingredient

바나나 1개,
미숫가루 1큰술, 우유 1컵

Snack 14

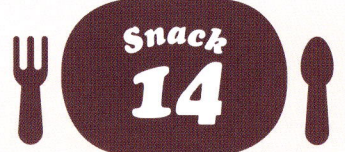

입 안에서 사르르 녹는 달콤한 간식 식판

고구마라테

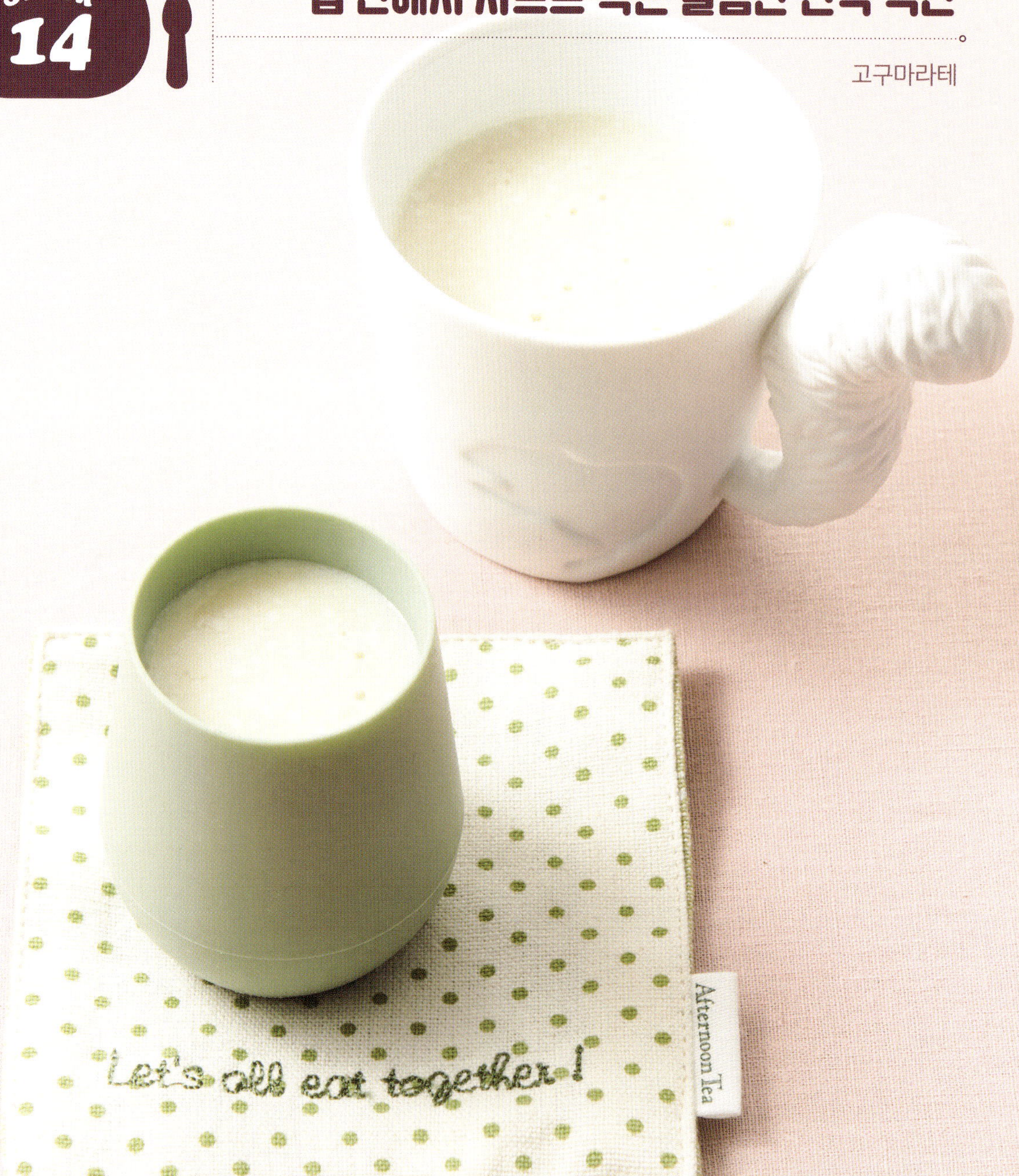

아이들의 일등 간식인 고구마로 라테를 만들어보아요. 우유가 들어가 부드럽고 달콤해서 입 안에서 사르르 녹는답니다. 든든한 영양 간식이 되어줄 뿐만 아니라 만들기도 쉽고 간단해요.

부드러운 고구마라테

recipe

1. 고구마를 깨끗이 씻어 삶는다.
2. 고구마의 껍질을 벗기고 곱게 으깬다.
3. 고구마, 우유, 꿀을 믹서에 넣고 간다.
4. **3**을 냄비에 넣고 끓인다.

ingredient
고구마 1/2개,
우유 1컵, 꿀 1큰술

mom's note

- 믹서가 없다면 3번 과정에서 거품기로 잘 섞은 뒤 4번 과정에서 골고루 풀어가며 끓여주면 됩니다.

Snack 15

성장과 면역력 증진에 좋은 간식 식판

사과케일주스

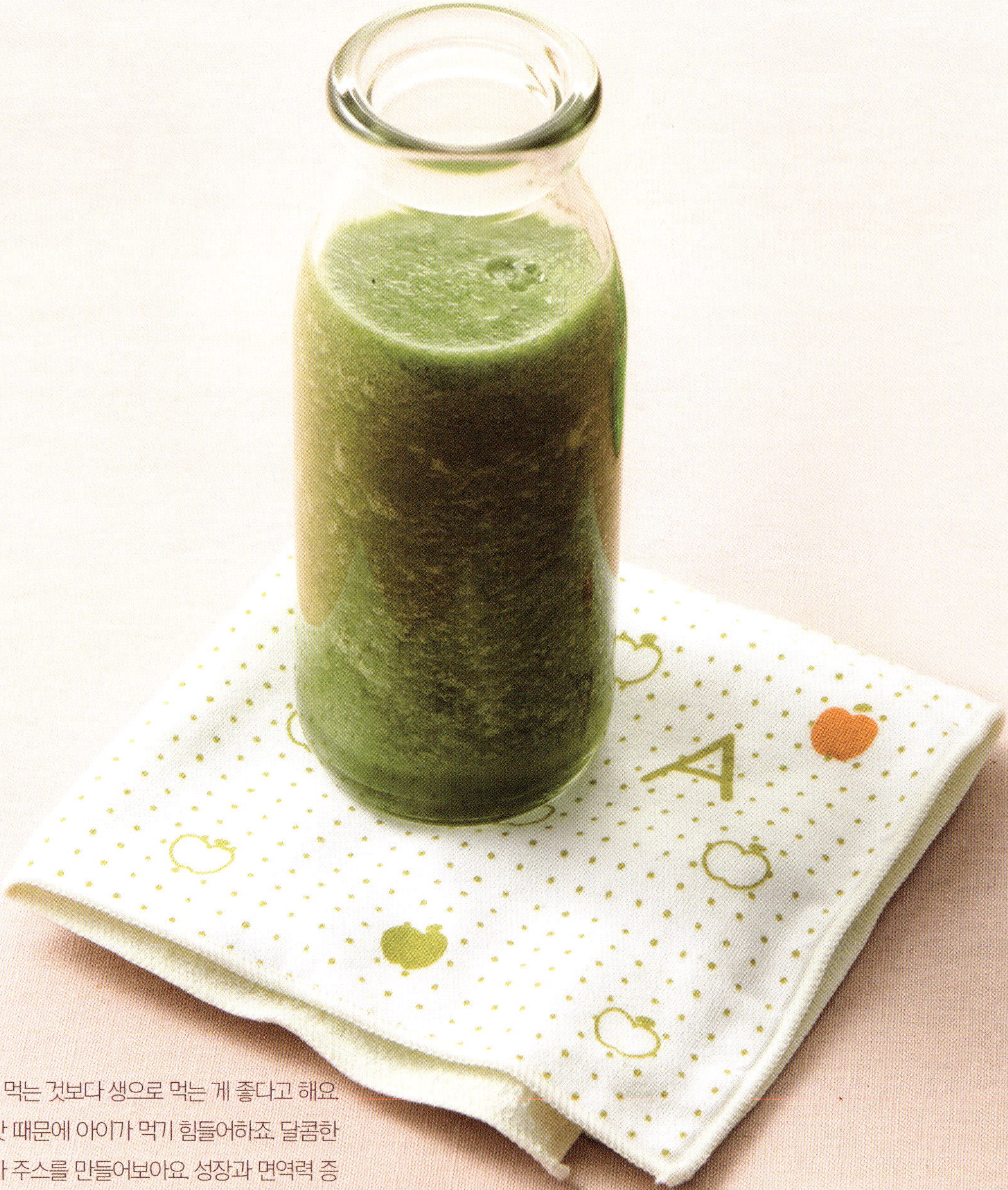

케일은 가열해서 먹는 것보다 생으로 먹는 게 좋다고 해요. 하지만 씁쓸한 맛 때문에 아이가 먹기 힘들어하죠. 달콤한 사과와 함께 갈아 주스를 만들어보아요. 성장과 면역력 증진에 좋아 온 가족을 위한 건강 주스로 손색없답니다.

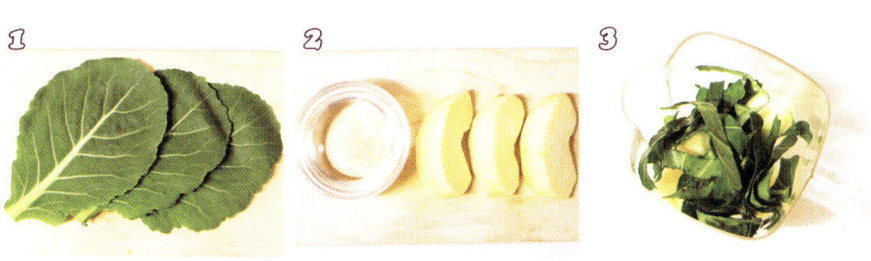

싱싱한 사과케일주스

recipe

1 케일은 깨끗이 씻어 작게 썬다.
2 사과는 껍질을 깎아 씨를 빼고, 물은 1/3컵을 준비한다.
3 물, 케일, 사과를 믹서에 넣고 간다.

ingredient
케일 3장, 사과 1/2개,
물 1/3컵

mom's note

- 아이의 취향에 따라 케일과 사과의 양을 조절합니다. 케일을 잘 못 먹는 아이라면 케일을 1~2장으로 줄이고 사과를 늘려줍니다.

식판식이 70가지나 소개되어 있지만 아이의 건강 상태에 따라 영양 보충에 신경 써야 하는 날도 있고, 바쁜 일정 때문에 짧은 시간 안에 끼니를 챙겨줘야 하는 날도 있어요. 상황별로 일주일 정도는 고민 없이 차릴 수 있도록 식단표를 마련해봤어요. 단 며칠이라도, 단 한 끼라도 아이에게 맞는 식판식을 골라 만들어주세요!

week 01.
빠르게 준비하는 건강 식단

바쁘다는 이유로 완제품을 사서 먹이기에는 마음이 편치 않은 엄마들에게 추천하는 식단이에요. 각 식단을 만드는 데 20분이면 뚝딱이니 특히 바쁜 주간에 활용하도록 하세요. 간단하면서도 아이들이 특히 좋아하는 일품요리도 챙겼으니 하루 두 끼를 금세 차릴 수 있을 거예요.

Mon 월

식판식
쌀밥, 콩나물국, 치즈스크램블드에그, 호박구이 (p.62)

일품식
멸치닭가슴살주먹밥 (p.190)

Tue 화

식판식
검은콩밥, 소고기오이볶음, 대파가지볶음 (p.102)

일품식
마파두부덮밥 (p.186)

Wed 수

식판식
완두콩밥, 건과류두부조림, 부추버섯볶음 (p.56)

일품식
소고기채소덮밥 (p.208)

Thur 목

식판식
현미밥, 파프리카닭가슴살볶음, 고구마아몬드샐러드 (p.66)

일품식
연어볶음밥 (p.188)

Fri 금

식판식
검은콩밥, 달걀국, 들깨버섯볶음, 상추겉절이 (p.73)

일품식
새우볶음밥 (p.192)

Sat 토

식판식
완두콩밥, 소고기호박볶음, 두부브로콜리볶음 (p.112)

일품식
버섯덮밥 (p.210)

Sun 일

식판식
잡곡밥, 소고기양배추볶음, 오이무침 (p.59)

일품식
토마토달걀볶음밥 (p.198)

week 02.
힘이 솟는 영양 만점 건강 식단

영양 보충이 특히 더 필요한 아이들을 위한 식단입니다. 아이의 체력과 건강에 더욱 신경을 쓰고 싶은 주간에 활용해보세요. 든든한 레시피로 채워진 식판식을 하루 두 종류로 구성해보았어요.

Mon 월

식판식
기장밥, 소고기배춧국, 오징어조림, 가지구이무침 (p.142)

식판식
쌀밥, 사과파래무침, 돼지고기청경채볶음 (p.162)

Tue 화

식판식
쌀밥, 굴국, 돼지목살마늘구이, 콜라비생채 (p.146)

식판식
현미밥, 소고기미역국, 채소달걀말이, 파프리카스틱 (p.150)

Wed 수

식판식
검은쌀밥, 달래청국장찌개, 고등어카레구이, 달걀호박볶음 (p.168)

식판식
쌀밥, 배추된장국, 소고기감자볶음, 시금치무침 (p.69)

Thur 목

식판식
현미밥, 북엇국, 떡갈비, 양배추무침 (p.158)

식판식
기장밥, 닭가슴살스테이크, 무나물 (p.105)

Fri 금

식판식
잡곡밥, 들깨감자국, 새우채소전, 부추무침 (p.94)

식판식
쌀밥, 어묵숙주피망볶음, 깻잎조기조림 (p.165)

Sat 토

식판식
쌀밥, 두부무국, 돼지고기김치볶음, 시금치된장무침 (p.90)

식판식
쌀밥, 생선전, 고구마조림, 묵은지볶음 (p.115)

Sun 일

식판식
쌀밥, 치킨커틀릿, 양송이버섯구이, 양상추달걀샐러드 (p.122)

식판식
쌀밥, 맑은된장국, 시금치닭가슴살무침, 팽이버섯부추전 (p.98)

week 03.
저칼로리 담백한 식단

칼로리 조절이 필요한 시기에 활용할 수 있는 식판식 식단입니다. 아이가 편식하는 습관이 있거나 인스턴트, 패스트푸드 등에 노출이 많이 되어 있다면 저칼로리 담백한 식단으로 아이들의 입맛과 건강을 챙겨주세요.

Mon 월

식판식
쌀밥, 토마토소고기볶음, 삶은메추리알, 깻잎순볶음 (p.108)

식판식
잡곡밥, 소고기양배추볶음, 오이무침 (p.59)

Tue 화

식판식
잡곡밥, 버섯무국, 소고기안심구이, 무양파조림 (p.126)

식판식
현미밥, 파프리카닭가슴살볶음, 고구마아몬드샐러드 (p.66)

Wed 수

식판식
검은쌀밥, 닭가슴살배추조림, 숙주무침, 단호박찜 (p.40)

식판식
검은콩밥, 달걀국, 들깨버섯볶음, 상추겉절이 (p.73)

Thur 목

식판식
쌀밥, 아욱국, 부추두부달걀찜, 버섯조림 (p.154)

식판식
쌀밥, 맑은콩나물김칫국, 소불고기, 배추된장무침 (p.132)

Fri 금

식판식
쌀밥, 시금치된장국, 들깨호박볶음, 견과류멸치볶음 (p.44)

식판식
완두콩밥, 소고기호박볶음, 두부브로콜리볶음 (p.112)

Sat 토

식판식
검은쌀밥, 순두부국, 소고기가지볶음, 양배추찜 (p.48)

식판식
쌀밥, 콩나물국, 치즈스크램블드에그, 호박구이 (p.62)

Sun 일

식판식
잡곡밥, 소고기감자조림, 미나리무침 (p.119)

식판식
현미밥, 두부스테이크, 콩나물무침, 브로콜리볶음 (p.86)

week 04.
무염·저염 식단

이제 막 이유식을 벗어나 처음 유아식을 시작하는 아이들을 위한 식단이에요. 처음에는 무염이나 저염을 유지하면서 부드러운 식감을 가진 식단으로 시작해보세요. 간은 최대한 늦추는 것이 좋지만 필요한 경우 조금씩 사용해봅니다.

Mon 월

식판식
쌀밥, 새우달걀찜, 감자볶음, 오이스틱 (p.52)

일품식
소고기채소죽 (p.200)

Tue 화

식판식
기장밥, 연어채소볶음, 두부구이 (p.77)

일품식
달걀덮밥 (p.184)

Wed 수

식판식
잡곡밥, 돼지고기동그랑땡, 데친브로콜리 (p.136)

일품식
크림스파게티 (p.206)

Thur 목

식판식
쌀밥, 닭가슴살감자조림, 새우호박볶음 (p.139)

일품식
소고기볶음국수 (p.196)

Fri 금

식판식
현미밥, 두부스테이크, 콩나물무침, 브로콜리볶음 (p.86)

일품식
감자파프리카볶음밥 (p.202)

Sat 토

식판식
쌀밥, 치즈감자조림, 아보카도, 메추리알조림 (p.80)

일품식
토마토스파게티 (p.204)

Sun 일

식판식
완두콩밥, 소고기무국, 당근전, 쑥갓두부무침 (p.172)

일품식
소고기밥전 (p.194)

week 05.
간단한 아침 식단

아침 식사로 활용할 수 있는 일품식 식단입니다. 바쁜 아침에 식사 준비하느라, 안 먹겠다는 아이 달래느라 힘들었다면 두 종류의 식단 중 상황에 맞는 것으로 선택해 간편하게 준비해보세요.

Mon 월

간식 — 달걀토스트 (p.220)

간식 — 바나나곡물라테 (p.242)

Tue 화

일품식 — 건새우주먹밥 (p.180)

일품식 — 토마토달걀볶음밥 (p.198)

Wed 수

간식 — 모차렐라치즈토스트 (p.228)

일품식 — 소고기채소주먹밥 (p.178)

Thur 목

일품식 — 멸치닭가슴살주먹밥 (p.190)

일품식 — 소고기밥전 (p.194)

Fri 금

일품식 — 치즈달걀말이밥 (p.214)

간식 — 고구마라테 (p.244)

Sat 토

일품식 — 상추비빔밥 (p.212)

일품식 — 버섯덮밥 (p.210)

Sun 일

간식 — 아보카도달걀샌드위치 (p.224)

간식 — 사과케일주스 (p.246)

쉽게 찾을 수 있는 재료별 색인

육류

닭고기
닭가슴살감자조림	140
닭가슴살배추조림	41
닭가슴살스테이크	106
멸치닭가슴살주먹밥	191
시금치닭가슴살무침	100
치킨커틀릿	123
파프리카닭가슴살볶음	67

돼지고기
돼지고기김치볶음	92
돼지고기동그랑땡	137
돼지고기청경채볶음	164
돼지목살마늘구이	148
떡갈비	160
마파두부덮밥	187

소고기
꼬마김밥	183
떡갈비	160
상추비빔밥	213
소고기가지볶음	50
소고기감자볶음	71
소고기감자조림	120
소고기무국	173
소고기미역국	151
소고기밥전	195
소고기배춧국	143
소고기볶음국수	197
소고기안심구이	128
소고기양배추볶음	60
소고기오이볶음	103
소고기채소덮밥	209
소고기채소주먹밥	179
소고기채소죽	201
소고기호박볶음	113
소불고기	134
토마토소고기볶음	109

채소류

가지
가지구이무침	145
대파가지볶음	104
소고기가지볶음	50

감자
감자볶음	54
감자크로켓	235
감자파프리카볶음밥	203
김치감자전	223
닭가슴살감자조림	140
들깨감자국	95
소고기감자볶음	71
소고기감자조림	120
치즈감자조림	81

고구마
고구마라테	245
고구마맛탕	227
고구마스틱	239
고구마아몬드샐러드	68
고구마조림	117

깻잎순
깻잎순볶음	111

단호박
단호박찜	43

달래
달래청국장찌개	169

당근
당근전	174

무
두부무국	91
무나물	107
무양파조림	129
버섯무국	127
소고기무국	173

미나리/쑥갓
미나리무침	121
쑥갓두부무침	175

배추
닭가슴살배추조림	41
배추된장국	70
배추된장무침	135

소고기배춧국	143

부추
부추두부달걀찜	156
부추무침	97
부추버섯볶음	58
팽이버섯부추전	101
호박부추전	241

브로콜리
데친브로콜리	138
두부브로콜리볶음	114
브로콜리볶음	89

상추
상추겉절이	76
상추비빔밥	213

숙주
숙주무침	42
어묵숙주피망볶음	166

시금치
시금치닭가슴살무침	100
시금치된장국	45
시금치된장무침	93
시금치무침	72

아욱
아욱국	155

양배추/양상추
소고기양배추볶음	60
양배추무침	161
양배추찜	51
양상추달걀샐러드	125

오이
소고기오이볶음	103
오이무침	61
오이스틱	55

청경채/콜라비
돼지고기청경채볶음	164
콜라비생채	149

콩나물
맑은콩나물김칫국	133
콩나물국	63
콩나물무침	88

토마토

항목	쪽
토마토달걀볶음밥	199
토마토소고기볶음	109
토마토스파게티	205

파프리카/피망

항목	쪽
감자파프리카볶음밥	203
어묵숙주피망볶음	166
파프리카닭가슴살볶음	67
파프리카스틱	153

호박

항목	쪽
달걀호박볶음	171
들깨호박볶음	46
새우호박볶음	141
소고기호박볶음	113
호박구이	65
호박부추전	241

각종 채소류

항목	쪽
꼬마김밥	183
새우볶음밥	193
새우채소전	96
소고기밥전	195
소고기채소덮밥	209
소고기채소주먹밥	179
소고기채소죽	201
연어볶음밥	189
연어채소볶음	78
채소달걀말이	152
채소튀김	237

버섯류
버섯

항목	쪽
들깨버섯볶음	75
버섯덮밥	211
버섯무국	127
버섯조림	157
부추버섯볶음	58
양송이버섯구이	124
팽이버섯부추전	101

해산물
굴

항목	쪽
굴국	147

김/미역/파래

항목	쪽
꼬마김밥	183
사과파래무침	163
소고기미역국	151

멸치

항목	쪽
견과류멸치볶음	47
멸치닭가슴살주먹밥	191

북어

항목	쪽
북엇국	159

새우

항목	쪽
건새우주먹밥	181
새우달걀찜	53
새우볶음밥	193
새우채소전	96
새우호박볶음	141

생선

항목	쪽
고등어카레구이	170
깻잎조기조림	167
생선전(흰 살 생선)	116

연어

항목	쪽
연어볶음밥	189
연어채소볶음	78

오징어

항목	쪽
오징어조림	144

콩류 및 알류
달걀

항목	쪽
꼬마김밥	183
달걀국	74
달걀덮밥	185
달걀토스트	221
달걀호박볶음	171
부추두부달걀찜	156
새우달걀찜	53
아보카도달걀샌드위치	225
양상추달걀샐러드	125
채소달걀말이	152
치즈달걀말이밥	215
치즈스크램블드에그	64
토마토달걀볶음밥	199

된장

항목	쪽
맑은된장국	99
배추된장국	70
배추된장무침	135
시금치된장국	45
시금치된장무침	93

두부/순두부

항목	쪽
견과류두부조림	57
두부구이	79
두부무국	91
두부브로콜리볶음	114
두부스테이크	87
마파두부덮밥	187
부추두부달걀찜	156
순두부국	49
쑥갓두부무침	175

메추리알

항목	쪽
메추리알조림	83
삶은메추리알	110

과일
바나나

항목	쪽
바나나곡물라테	243
바나나치즈구이	233

사과

항목	쪽
사과케일주스	247
사과파래무침	163

아보카도

항목	쪽
아보카도	82
아보카도달걀샌드위치	225

기타
견과류

항목	쪽
견과류두부조림	57
견과류멸치볶음	47
고구마아몬드샐러드	68

김치

항목	쪽
김치감자전	223
돼지고기김치볶음	92
맑은콩나물김칫국	133
묵은지볶음	118

떡

항목	쪽
간장떡볶이	219

빵

항목	쪽
달걀토스트	221
모차렐라치즈토스트	229
식빵러스크	231
아보카도달걀샌드위치	225

어묵

항목	쪽
어묵숙주피망볶음	166

치즈

항목	쪽
꼬마김밥	183
모차렐라치즈토스트	229
바나나치즈구이	233
치즈감자조림	81
치즈달걀말이밥	215
치즈스크램블드에그	64
크림스파게티	207

개정 1쇄 발행	2019년 6월 26일
개정 4쇄 발행	2020년 9월 21일
지은이	김주연
요리·스타일링(완성컷)	네츄르먼트
촬영(완성컷)	조은선
발행인	윤호권 · 박헌용
발행처	지식너머
출판등록	제2013-000128호
주소	서울특별시 서초구 사임당로 82 (우편번호 06641)
전화	편집 (02) 3487-1151, 마케팅 (02) 2046-2800
팩스	편집 · 마케팅 (02) 585-1755
홈페이지	www.sigongsa.com
ISBN	978-89-527-9038-5 13590

이 책의 내용을 무단 복제하는 것은 저작권법에 의해 금지되어 있습니다.
파본이나 잘못된 책은 구입하신 곳에서 교환해드립니다.

지식너머는 (주)시공사의 브랜드입니다.